# 多元社会思潮对当代大学生的影响及对策研究

## ——以内蒙古自治区某高校为观察视角

高飞　著

线装书局

图书在版编目 (CIP) 数据

多元社会思潮对当代大学生的影响及对策研究 : 以内蒙古自治区某高校为观察视角 / 高飞著 . -- 北京 : 线装书局 , 2020.8

ISBN 978-7-5120-4066-3

Ⅰ . ①多… Ⅱ . ①高… Ⅲ . ①社会思潮—影响—大学生—思想政治教育—研究—中国 Ⅳ . ① G641

中国版本图书馆 CIP 数据核字 (2020) 第 130060 号

多元社会思潮对当代大学生的影响及对策研究
——以内蒙古自治区某高校为观察视角

著　　者：高　飞
责任编辑：于建平
出版发行：线装书局
　　地　址：北京市丰台区方庄日月天地大厦 B 座 17 层（100078）
　　电　话：010-58077126（发行部）010-58076938（总编室）
　　网　址：www.zgxzsj.com
经　　销：新华书店
印　　制：定州启航印刷有限公司
开　　本：710×1000　1/16
印　　张：9.5
字　　数：170 千字
版　　次：2020 年 8 月第 1 版第 1 次印刷
印　　数：1000 册

线装书局官方微信

定　　价：38.00 元

# 目　录
# Contents

# 第一章　引言

## 一、选题背景及意义

当代中国各种社会思潮的产生、流行、活跃是中国改革开放的产物。从十一届三中全会到党的十九大，中国取得了令世界瞩目的成就，从生产力到生产关系，从经济基础到上层建筑再到意识形态，都发生了重大变化：经济体制深刻变革，社会结构深刻变动，利益格局深刻调整，思想观念深刻变化。这些变革为各种社会思潮的产生、涌入、流行提供了气候和土壤，不同程度地影响着人们的价值观念，影响着社会主义意识形态，影响着社会主义核心价值观的培育和践行，影响着马克思主义在我国意识形态领域的指导地位。当代各种社会思潮与社会主义意识形态既相互对立，又相互融合，既此消彼长，又互为前提。大学生处于世界观形成时期，对各种社会思潮比较敏感，因此引导大学生正确认识各种社会思潮，吸收各种社会思潮的有益成分，抵御各种社会思潮对大学生的负面影响，促进大学生树立马克思主义世界观，努力践行社会主义核心价值观，把大学生真正培养成为中国特色社会主义事业的合格建设者和可靠接班人，具有非常重要的意义。

（1）从高校既是社会思潮的辐射源，又是社会思潮的集聚地角度看，本书抓住了社会思潮影响的主要领域。

高等学校既具有传播知识的功能，又具有创造知识的功能。高等学校人才聚集，学科众多，在教学和科研活动中，各种学派、思想、理论、观点相互交流、相互碰撞、相互论辩，为新观点的产生、新思想的孕育创造了条件，因此新的社会思潮更容易在大学孕育、升温、流行，然后向社会辐射传播。也正因为高校是创造知识、产生思想、传播文化的地方，社会上各种社会思潮也最容易向大学聚集，寻找适宜其生存、发展、传播的思想文化土壤。

社会思潮的流行、传播并对特定的社会人群产生影响，需要特定人群具备相应的文化基础和基本的思想素质。大学生正处于学习知识、形成思想、塑造价值观的关键时期，他们求知欲强、接受新事物快，最少偏见成见，最少条条框框，对新思想、新观念、新潮流敏感、好奇，是最易接受各种社会思潮影响的群体。大学生因为在校学习以书本和课堂为主要途径，更习惯于以理性方式思考和探讨问题，从书本出发认识和关注社会，而社会思潮往往具有丰富的思想内涵和系统的理论形态，这就与大学生把握世界的方式不谋而合。

高校往往是社会思潮的发源地和聚集地，高校学生对社会思潮具有易感性，这两点决定了本书把社会思潮与大学生关系作为视角进行研究。

（2）培养中国特色社会主义事业合格建设者和可靠接班人必须以社会主义意识形态为引领，以马克思主义为指导，而各种社会思潮对大学生思想政治工作具有不可忽视的消解作用。但是，在全球化时代，在改革开放背景下，大学生时刻面对各种社会思潮的影响，高校思想政治工作也时刻面临着各种社会思潮的挑战。因此，本书从社会思潮入手研究大学生思想政治工作，抓住了高校学生思想政治工作一个特定的切入点。

大学生在校期间接触各种社会思潮，了解其思想内涵和实质，对于启迪认识、丰富思想、开拓视野、打开思路，对于加深对马克思主义的理解，对于更全面、更深刻地认识社会，具有一定的积极意义。正确认识是在与错误认识的比较中形成的，正确思想是在与错误思想斗争中发展的，正确价值观是在与错误价值观的交锋中树立的，有比较才有鉴别，有交流才有发展，纯而又纯的思想环境对大学生的成长未必是好事。所以，社会思潮对大学生价值观的影响，既要客观看待，又要加强引导，既要高度重视，又不可兴师动众、草木皆兵，关键是要坚持以马克思主义为指导的原则，在强化大学生马克思主义世界观的前提下，在坚持以培育和践行社会主义核心价值观为主导的前提下，吸纳各种社会思潮的合理成分，剔除其糟粕，通过正确分析和批判各种社会思潮，找到多元社会思潮背景下高校学生思想政治工作的方法，促进大学生社会主义核心价值观的形成，推动高校学生思想政治工作再上新台阶。

（3）在我国改革开放不断向更高水平迈进的社会背景下，在全球化、信息化条件下，社会思潮此起彼伏、你方唱罢我登场的状况将是常态，高校对于各种社会思潮"春江水暖鸭先知"的特点和规律不会改变，因此本书旨在探讨多元社会思潮背景下大学生思想政治工作规律，为高校思想政治工作者提供借鉴。

在我国改革向纵深开掘的条件下，社会结构不断变动，利益格局不断调整，新变化引起新诉求，新诉求产生新意识，新意识形成新思潮。同时，中国开放的大门越开越大，开放领域越来越多，随之而来的必然有国外新思潮的涌入。互联网已经是社会思潮传播流行的主要载体，这个趋势已不可逆转。在这样的背景下，高校大学生思想政治工作要在多元社会思潮中坚持马克思主义的指导地位，在多样化价值观念中坚持培育和践行社会主义核心价值观，以与时俱进的精神状态寻找新形势下思想政治工作规律，让马克思主义牢牢占领高校意识形态的制高点。

## 二、研究现状

国内研究社会思潮的主要著作如下：

（1）马立诚著的《当代中国八种社会思潮》。本书分别介绍了当代中国八种社会思潮：中国特色社会主义思想、老左派、新左派、民主社会主义、自由主义、民族主义、民粹主义、新儒家。此书的特点是评论一针见血，风格明快犀利，避免了一般思想类著作的枯燥沉闷。但因作者是资深媒体人，缺少学术著作的严谨客观，个人观点过于突出，对各种社会思潮的评介不够客观。

（2）段忠桥主编的《当代国外社会思潮》。本书重点评介了九大社会思潮，包括新自由主义、后现代主义、后殖民主义、分析的马克思主义、未来主义、第三条道路、生态社会主义、女权社会主义、市场社会主义。

（3）朱汉国等著的《当代中国社会思潮研究》。本书立足于全球化语境，把握时代特质，在对社会思潮基本问题进行深入研究的基础上，着重对新自由主义、社会民主主义、文化保守主义、民族主义、历史虚无主义、当代民间信仰六种社会思潮进行系统阐述，探索了社会主义核心价值体系引领社会思潮的必要性和有效途径。

（4）梅荣政著的《用马克思主义引领社会思潮》。本书以马克思主义为指导，分析了社会思潮的研究意义和指导原则，社会思潮的定义、产生的条件，社会思潮的主要功能和基本特征，对新自由主义、民主社会主义、历史虚无主义、新儒家、民族主义、个人主义六大社会思潮进行评论分析，最后提出坚持用马克思主义引领社会思潮，使之为社会主义服务。

（5）车铭洲主编的《现代西方思潮概论》。本书为高校思想政治教育系列教材之一。本书分别阐述了现代西方哲学思潮、现代西方宗教思潮、现代西方经济思潮、现代西方政治思潮、现代西方伦理思潮、现代西方社会思潮，是一本高校思想政治教育专业和相关专业的优秀教材。

此外，比较有影响的著作还有张雄主编的《新编现代西方社会思潮》、洪晓楠主编的《当代西方社会思潮及其影响》、佘双好等著的《当代社会思潮对高校师生的影响及对策研究》等。

现在看来，国内学者研究社会思潮的成果较多，有价值的成果不少，而且各有侧重。在研究的深度上、系统性和学术性上都为我们进一步研究此类问题提供了高质量的学术资源。但这些研究都侧重社会思潮本身的研究，对如何应对社会思潮对大学生的影响这一点上显得薄弱。当前，高校思想政治工作的主题是培育和践行社会主义核心价值观，用习近平新时代中国特色社会主义思想武装大学生头脑，培养能够担当民族复兴大任的一代新人。要完成这一任务，思想政治教育工作应着眼于如何在多元社会思潮中树立大学生马克思主义世界观和社会主义核心价值观，以此为立场观点和方法，去批判、辨析各种社会思潮，去客观看待各种社会思潮，既不盲目崇拜，又不一概排斥，而是批判吸收，为我所用，从而培养大学生“乱云飞度仍从容”的思想定力和“任尔东西南北风”的坚定信仰。

按照这个思路，本书选择了对当代大学生影响较大的社会思潮——新自由主义、历史虚无主义、普世价值、宪政民主等加以研究。尝试用社会主义核心价值观引领社会思潮的可能，化解社会思潮对大学生价值观的负面影响，探索培养大学生正确的世界观、人生观、价值观的途径和方法。

## 三、研究思路、方法、重点和难点及创新之处

（1）研究思路。在对社会思潮进行总体分析介绍的基础上，重点研究对大学生思想影响比较大的四个思潮，梳理其发生发展，概括其基本特征，指出其思想实质，揭示其现实危害，同时结合大学生思想实际和高校思想政治工作现状，针对社会思潮对大学生的具体影响，提出应对挑战的可行性对策。

（2）研究方法。一是调查研究法。围绕七种社会思潮（调查问卷时在重点介绍的四个社会思潮基础上增加了个人主义、民主社会主义、后现代主义）及其对大学生影响设计调查方案展开社会调研、网络调研、座谈访谈活动，对相关问题、数据进行统计分析，得出可靠数据和结论。二是多学科综合研究方法。综合运用哲学、政治、社会、文化、伦理等学科方法，针对社会思潮对大学生价值观的影响及应对策略进行多角度研究，以期得到更系统、更完整的认识和更切实的对策。三是文献分析法。借助书籍、论文、报纸和互联网等工具，全面搜索和掌握学术界、理论界对这一问题的研究现状、代表性成果、争论焦点、发展态势，运用马克思主义的历史唯物主义观点和方法揭示本质，寻找规律，探索对策。

（3）重点和难点。本书探讨社会思潮影响大学生价值观的机制问题，重点是通过调查分析找到对大学生影响较大的社会思潮有哪些，这些社会思潮是如何对大学生世界观、人生观、价值观造成影响的，造成了哪些影响，进而提出应对这些思潮的对策。本书的难点在于通过调查和查阅文献资料梳理出本书重点研究的社会思潮对大学生的影响何在以及针对这一影响应采取怎样的对策。

（4）创新之处。创新之处主要体现在以下两个方面：一是在研究角度方面尝试创新。目前，研究社会思潮和大学生思想政治教育的论文著作较多，但大多集中在研究社会思潮本身以及大学生思想政治教育方法和途径，本书试图把社会思潮与大学生思想政治教育结合起来，从中找到一个切入点进行探讨，尝试拓展一个新的研究视角。二是在研究方法上寻求创新，即通过问卷调查、访问访谈、数据统计，注重事实依据，力求研究的客观性，注重文献分析、理论阐释和实证分析结合，全面系统地认识和解决问题。

## 四、社会思潮的含义

在中国，最早使用“社会思潮”这一概念的是梁启超。早在1902年，梁启超在其《清代学术概论》一书中对“思潮”一词进行了界说：“今日恒言，曰‘时代思潮’。此语最妙于形容。凡文化发展之国，其国民于一时期中，因环境之变迁，与夫心理之感召，不期而思想之进路，同趋于方向，于是相遇呼应汹涌，如潮然。”由梁启超对“思潮”的定义，我们可以得出如下观点：第一，社会变革是社会思潮产生的社会基础，社会思潮是社会发生巨大变革的产物。因为社会环境的变革或革命。必然对特定阶级、阶层、群体的心理、思想、情感、价值观造成冲击，由冲击而生发新的思想观念。一开始，这种新的思想观念只限于小范围、小群体，后逐渐传播开来，在更多的人群中、更大的范围内得到认可、接受和信奉，于是成为社会上具有广泛影响力的思想，进而成为社会思潮。在梁启超看来，社会的巨大变革是社会思潮产生的动力和土壤。第二，社会思潮具有趋同性，一定的阶级、阶层、群体对某一思想产生共鸣，形成了共识，找到了最大公约数，于是形成思潮。人们对某一思想的趋同性是社会思潮形成的必要条件。社会思潮的形成是一个由小到大、由少到多、由个体到群体、由此地到彼地、由此领域到彼领域的过程。这个过程是什么因素在起作用？答案是其反映了人们的利益诉求、大家共同认可的某种思想。这里梁启超看到了社会思潮的本质，即社会思潮的思想性、共识性、群体性。第三，社会思潮具有一定的社会价值，反映了社会发展的正确方向。梁启超在《清代学术概论》中说：“凡‘思’非皆能成潮，能成‘潮’者，则其‘思’必有相当之价值，而又适合其时代之要求者也。凡时代非皆有‘思潮’，有思潮之时代，必文化昂进之时代也。”这段话是梁启超对社会思潮的深入分析：不是任何思想都可以发展成为思想潮流，只有具有一定的社会价值，代表着社会发展的正确方向，反映时代要求的思想，才能演化为社会思潮。在梁启超看来，即使是具有一定社会影响力的伟大人物的思想，如果没有反映社会进步要求，不能为广大民众普遍接受认可，他的思想充其量是个人观点，也不能形成思潮。梁启超写这段话的时候，马克思主义还没有传入中国，梁启超当然不会用历史唯物主义和阶级分析方法指出任何社会思潮都是特定阶级利益的反映，没有超阶级的社会思潮。但是，在那个时代，梁启超对社会思潮能有如此深刻的认识非常难得！

《辞海》对社会思潮的定义如下：①某一历史时期内反映一定阶级或阶层利益和要求的思想倾向；②涌现出来的思想感情。《中国大百科全书·哲学》的定义是“反映特定环境中，人们的某种利益或要求并对社会生活有广泛影响的思想趋势或倾向。社会思潮有时表现为由一定理论形态的思想做主导，有时又表现为特定环境中人们的社会心理，是社会意识的综合表现形式……每一种社会思潮一般都有其代表人物，但它并不是某个个人的创造。一定的社会思潮是在当时社会的经济政治条件之总和的基础上，从群众的社会心理中自发形成的。社会思潮的根源在于社会的经济生活，它是当时经济发展所引起的社会生活中突出矛盾的反映”。

《辞海》《中国大百科全书》作为当代中国权威工具书，其解释是以马克思主义的历史唯物主义观点为指导，所以对“社会思潮”的界定与梁启超的界定有两点区别：一是揭示了社会思潮的时代性、历史性，指出社会思潮是“在某一历史时期”的思想倾向，是特定时代的产物；二是揭示了社会思潮的阶级性，指出了社会思潮是“一定阶级或阶层利益和要求”的思想倾向。无疑，从阶级性上对社会思潮进行定义更接近社会思潮的本质，使人们可以在更高层次上科学认识社会思潮。

在学术上，社会思潮的定义并不统一，学者对此见仁见智，各有各的道理。归纳起来，大致有以下六种：

（1）社会思潮是一种“思想潮流”。这是1973年出版的《现代汉语词典》的解释：“某一时期内在某一阶级或阶层中反映当时社会政治情况，而有较大影响的思想潮流。”

（2）社会思潮是一种“思想趋势或倾向”。1979年出版的《辞海》对“思潮”解释：①某一历史时期内反映一定阶级或阶层的利益和要求的一种思想倾向。②涌现出来的思想感情，如思潮起伏。1985年出版的《中国大百科全书·哲学》中对“社会思潮”的解释是“社会思潮反映特定环境中人们的某种利益并对社会生活有广泛影响的思想趋势或倾向。社会思潮有时表现为由一定理论形态的思想作主导，有时又表现为特定环境中人们的社会心理，是社会意识的综合表现形式”。1990年出版的《哲学大辞典》则把社会思潮解释为：“反映特定环境中人们的某种利益或要求并对社会生活有广泛影响的思想趋势或倾向”。

（3）社会思潮是一种“社会意识”。1990年出版的由童彭庆等人编写的《思想政治教育学词典》对社会思潮的解释是社会思潮是指“一段时间内足以影响社会大众的思想、理论、观点，属于意识形态，是某一历史时期集中反映一定阶级、阶层、集团的利益和要求，在社会范围中具有相当影响力的思想意识”。刘建军在其《论社会思潮的发生、发展与消退》一文中对社会思潮的解释是“社会思潮是一种流行性的社会意识现象，是一种以时代为背景，以社会为场所，以群体为主体的社会意识的运动形式”。肖锦全在其《论社会思潮作为社会意识一个层次的构想》一文中认为社会思潮是一种“相对独立的社会意识现象”，可以把它构想为“社会意识系统的一个层次”。

（4）社会思潮是一种“思想体系”。梅荣政认为，社会思潮是以一定社会存在为基础，以相应的社会意识形态为理论核心，并与某种社会心理相互影响、相互制约、相互渗透而形成的，在群众中有一定影响的思想体系。

（5）社会思潮是一种“思想、观点总和”。吴雁南、苏中立在《中国近代社会思潮·绪言》中指出：“社会思潮是某些个人、集团、阶层、阶级在特定历史条件下围绕社会重大问题抒发并产生较大影响的思想、主张、观点、意愿的总和。”李永春在《简评〈晚清社会思潮研究〉》一文中对社会思潮的解释是“社会思潮是某些个人、群体、阶层、阶级在特定的历史条件下围绕社会重大问题抒发并产生较大影响的思想、主张、观点、意愿的总和，是理论形态与心理形态的统一”。

（6）社会思潮是一种“思想运动”。高瑞泉在其主编的《中国近代社会思潮》一书中将社会思潮解释如下：社会思潮是指“特定社会的各种矛盾尖锐化、复杂化在思想领域的反映，通常是从知识分子群体发端，推向或大或小的社会层面，进而影响到生活世界与民众心理的思想运动”。陈立思在其《略论社会思潮》一文中对社会思潮解释为“社会思潮是经思想家倡导而在大众中持久流行、与时代和社会重大问题相关的较系统、较集中的那些思想观点的运动”。

上述各种对社会思潮的定义都有一定道理，都有可取之处，但都是强调、突出了社会思潮的某一方面特征，忽略了社会思潮其他方面的特征。在各种定义中，有些因素是比较本质的，如社会意识、群体、思想、动态性等因素是共同的不可或缺的。根据上述定义，我们认为社会思潮是在特定历史条件下，由生产力与生产关系、经济基础和上层建筑的矛盾运动所引起的，以某种思想理论为内核，以特定的社会心理为基础，以某些社会焦点问题为关注点，具有时代性、群体性、理论性、传播性，反映一定阶级、阶层、群体的利益、愿望、诉求的影响较大、流行较广的群体社会意识。

## 五、社会思潮的功能

社会思潮是特定时代、特定群体意识的一种特殊形式，产生于一定的时代，在特定群体中流行，必然对社会的发展变革、对人们的价值观念产生深刻影响，具有纽带、导向、整合、催化等功能。

（1）纽带功能。社会思潮往往产生于社会下层，其发生发展是由下而上的，是一定历史阶段社会矛盾的反映。在发生发展初期，由某种社会矛盾引起，与特定阶层、群体的生活状态和心理状态相联系，表现为一定的情绪、诉求和思想观点，然后由小到大，由个体到群体，由此地到彼地，不断扩展，逐渐发展为影响较大、范围较广的群体意识。这时，关注现实的知识分子对此进行调查、梳理、分析、总结，将这种社会思想潮流进行系统分析和理论升华，最后形成成果，或公开发表或呈报政府，政府则通过这样的文章对某种社会思潮给予关注并加以引导，同时采取措施解决某种社会思潮的核心诉求，这样，社会思潮既是政府了解民众诉求的桥梁，又是民众向政府表达诉求、反映意见的纽带。

（2）导向功能。社会思潮既然是一定阶级、阶层、群体利益诉求的反映，必然表达着一定阶级、阶层和群体的价值观，甚至可以说社会思潮的核心就是要表达主张什么、拒绝什么，赞同什么、反对什么，歌颂什么、批判什么，这种诉求是旗帜鲜明的，这就是价值观。因此，某种社会思潮不断发展传播的过程就是对人们的价值观施加影响的过程，就是解构人们原有价值观、引导人们形成新的价值观的过程，这就是社会思潮的导向功能。积极进步的社会思潮所蕴含的价值观与主流价值观同向同行，所以这种社会思潮对人们的思想观念具有正面导向功能。消极落后的社会思潮所蕴含的价值观与主流价值观逆向而行，所以这种社会思潮对人们的思想观念具有负面导向功能。

（3）整合功能。一定的社会思潮将具有相同态度、立场、观点、诉求的人们聚拢在自己麾下，将与自己的思想观念、价值追求不同的人们排斥在外。因此，一定时代的社会思潮在流行过程中，一方面通过寻找最大公约数的方式对社会人群进行着整合，另一方面对社会人群进行着分化，整合与分化是一个过程的两种结果。这样，社会思潮就使相似的社会群体联合起来，将具有不同甚至对立价值观的社会群体排除在外，甚至迫使其加入其他社会思潮。

（4）催化功能。社会思潮作为一种特殊的社会意识形式，是一定历史时期特定阶级、阶层、群体的利益诉求的产物，受到特定历史文化条件、经济社会基础的制约和限制。但是，社会意识的产生与发展具有一定的超越性和超前性，一种新的社会意识往往产生于旧的社会存在，如封建社会的意识最初产生于奴隶社会，资产阶级的新思想萌芽于封建社会内部，无产阶级思想产生于资本主义社会。以人文主义思潮为例，其思想核心是资产阶级个人主义，这种个人主义产生于文艺复兴时期资产阶级反封建反教会的斗争中，对欧洲封建社会起到了瓦解催化作用。

## 六、社会思潮的特征

社会思潮的产生、发展、流行离不开一定的思想理论观点的指导，但并不是任何一种思想理论观点都能形成社会思潮。社会思潮是特定历史文化和经济社会的产物，但并不是任何历史时期都有社会思潮。所以，社会思潮的形成必须具备一定的条件，具有鲜明的特征。

（1）社会群体性。一种社会思潮的产生最初可能表现为个别人的诉求和观点，进一步发展得到特定群体的认同，然后这种观点和诉求经过学者的理论化、系统化、政治化，先在小范围得到一些人的思想认同，甚至产生思想共鸣，然后一传十、十传百地不断扩大范围，与此相应，认同这种思想的人群也不断扩大，于是逐渐演化为在更大范围、更大社会阶层中被普遍接受并迅速流行开来的一种思想潮流。一种社会思潮的产生与流行与某种个人的思想观点有一定关系，有的社会思潮追本溯源可能就与一个演讲、一篇论文、一部著作有关。但是，个人思想观点不能称为社会思潮，只有一种思想为一定阶层或一定社会群体所接受和认同，并传播开来，表达这个阶级、阶层、群体的愿望、诉求和主张，形成一定影响力，方可称为思潮。由此可见，一定的社会思潮反映了特定时代、特定社会环境下一定阶级、阶层、群体的利益和诉求、理想和愿望，是这种诉求的表达方式。一定的社会群体是社会思潮的载体，失去群体性，社会思潮将不能产生，也不会流行。

（2）鲜明的时代性。社会思潮本质上是一种流行的社会意识，而按照马克思主义的观点，一定的社会意识是一定的社会存在的反映，有什么样的社会存在就会有什么样的社会意识。社会思潮作为社会意识的一种特殊形式，是特定历史条件下社会存在的产物。当社会发展到某一阶段，与这个社会的政治、经济、文化、科技相呼应，必然形成某种共同的心理、愿望、诉求等社会意识，这种共同的意识进一步发展将把更多人裹挟进来，并在一定的阶层和人群中形成思想意识上的最大公约数，于是就形成了社会思潮。同样，随着生产力和生产关系、经济基础和上层建筑等社会存在的变化，产生于其上的社会思潮会随之变化，这种变化有的是在思想内涵上进行调整，有的是逐渐沉寂直至消亡。比如，新自由主义是由古典自由主义发展演变而来，它是资产阶级革命的产物，同时随着资本主义社会的发展变化而发展变化。

可见，社会思潮的兴衰起落与特定时代的发展需要密切相关。

（3）复杂多样性。社会思潮作为社会意识是社会存在的反映，而社会存在具有多样性，这种多样性必然产生多样性的社会思潮。尤其在阶级社会，不同的阶级其社会地位是不同的，有的处于统治地位，有的处于被统治地位；有的处于社会上层，有的处于社会下层。于是，社会思潮在阶级性上呈现多样性。如在18—19世纪资本主义上升时期，既有反映资产阶级利益诉求的古典自由主义思潮，又有反映无产阶级利益和诉求的社会主义思潮。即使在当代中国，社会思潮也有积极和消极、进步和落后之分社会思潮这种复杂多样性还表现在影响社会的复样性上，积极的社会思潮或社会思潮的积极方面会促进经济社会的发展进步，落后消极的社会思潮或某一社会思潮的消极方面则会给社会带来负面影响甚至灾难。

（4）系统的理论性。社会思潮是某种社会意识的系统化和理论化，其最初产生往往源于一种观点、一种理论和一种思想，即使后来发展成为一种影响较大的社会思潮，也仍然以最初的思想理论观点作为基础和内核。比如，新自由主义思潮的核心理论观点源于古典自由主义时期的亚当·斯密的自由放任理论，后经哈耶克等人的充实完善形成今天的新自由主义。一定的社会思潮所基于的思想理论往往对某一社会问题或社会现象有深刻的理性认识，是在对特定现实问题进行系统分析、批判基础上而形成的，所以社会思潮往往以一定的理论观点为基础，以一种思想体系为核心，表现为一定的理论形态。社会思潮作为一种理论形态和社会意识，既有对现实肯定的一面，也有对现实否定的一面，同时表现为对某种社会理想的追求，在其发展演变过程中不断吸纳新的理论，形成一个复杂的理论体系。群体的某种社会心理是社会思潮形成的基础，但其本身并不是社会思潮。社会心理只有与系统的思想和学说相互结合，以社会变革为契机，才有可能形成社会思潮。

（5）广泛传播性。没有传播就不能形成社会思潮，没有思想的流动就不会在一定社会范围内形成社会共识。所以，传播是社会思潮得以形成的重要因素。一种观点或思想要想征服更多的人，让大多数人认同接受，进而得到一定阶级、阶层、群体的认可，必须通过人际传播和大众传播两个途径向大众宣传，同时打破理论与现实的界限，对人们的现实生活和行为产生影响，形成一定的社会受众基础。社会思潮形成和流行过程是动态的，是一个人影响另一个人、一群人影响另一群人、一个阶层影响另一个阶层的过程。在传播过程中，社会思潮的性质不同，传播情形也不同。当一种社会思潮得到主流意识形态认同，同时人民大众普遍接受时，传播就快，反之则缓慢甚至自消自灭。有的社会思潮虽然与主流社会意识形态相背，但在社会上有一定的市场，得到了小群体的认同，其传播虽然缓慢但不会很快消失，总是以不同方式消解主流意识形态，顽强地影响、争夺社会受众。符合时代需要的社会思潮可以在短时间内左右乃至整合其他社会舆论，成为社会上主导的思想力量。不符合时代需要的社会思潮常因为缺乏公众认同和主流思想的支持，其传播十分缓慢以至会完全消失。

（6）政治倾向性。社会思潮属于意识形态，是一定阶级、阶层、特定人群的政治、经济等社会利益的反映，是为特定阶级、阶层、群体的根本利益服务的。凡是代表某阶级、阶层利益的问题都可归结为政治问题，从这个角度看，任何社会思潮都具有政治倾向性，区别在于有的鲜明激进，有的平和理性，但肯定没有与政治无关的社会思潮。比如，普世价值思潮从本质上是反映资产阶级利益的，带有鲜明的资产阶级政治倾向性，尽管其把民主、自由、人权等资产阶级价值观打扮成全人类的普世价值，向全世界推销，但美国等西方国家以此作为霸权扩张的工具的险恶用心是显而易见的。又如，宪政民主是资本主义国家的政权组织形式，本质是为资产阶级利益服务的，将宪政民主向社会主义国家推销的目的是取消共产党的领导，颠覆社会主义制度，其政治倾向性也是非常明显的。有的社会思潮表达的政治诉求就是其核心诉求，如历史虚无主义、新自由主义、民主社会主义等社会思潮，核心是表达政治诉求，其政治性非常鲜明。

（7）可引领性。当今时代，在一个开放的国家和社会内部可能存在着各种社会思潮，有积极的也有消极的，有进步的也有落后的。积极进步的社会思潮因反映了时代的进步要求，与主流意识形态同频共振，发挥着正面教育、正向引导人民群众的作用。消极落后的社会思潮在主流意识形态的引导、规范下，其传播方式、发展方向、社会作用受到限制，朝着主流意识形态认同的方向转化和流变，这就是社会思潮的可引领性。这种可引领性是就主流意识形态与各种社会思潮的关系而言，而不是说可以改变某些错误、腐朽、反动的社会思潮的性质。我们要通过对错误、落后社会思潮的辨析、批判，指出其思想实质，减少其负面影响，消除其危害，发掘和扩大其积极进步因素，同时通过耐心的思想引导使人们逐渐放弃信奉某些错误的社会思潮，转而接受乃至信奉正确的社会思潮。

# 第二章　当代各种社会思潮影响大学生的数据

本课题调查问卷的对象为内蒙古自治区二本高校的大学生，不包括研究生。调查对象选取有代表性学生 1 000 人。其中，男生 489 人，占 48.9%，女生 511 人，占 51.1%；生源地为内蒙古自治区的学生 985 人，占 98.5%，生源地为内蒙古自治区之外的学生 15 人，占 1.5%；农村学生 720 人，占 72%，城镇学生 280 人，占 28%；专科学生 105 人，占 10.5%，本科学生 895 人，占 89.5%；人文社会专业学生 473 人，占 47.3%，理工医专业学生 527 人，占 52.7%；大一（含专科）学生 234 人，占 23.4%，大二（含专科）学生 241 人，占 24.1%，大三（含专科）263 人，占 26.3%，大四 262 人，占 26.2%；团员学生 922 人，占 92.2%，党员学生 43 人，占 4.3%，群众 35 人，占 3.5%。

## 一、社会思潮影响大学生的基本数据

调查数据表明，真正系统了解社会思潮的学生的占比很小，多数学生只是一般了解，或是对某种社会思潮的某个观点略知一二，或者只知道某种社会思潮的名称，或者对流行于网络上的某个观点表示认同，但并不知道这个观点属于哪种社会思潮。总体来看，社会思潮对大学生的影响不是很大，马克思主义、毛泽东思想、中国特色社会主义理论、社会主义核心价值观在高校意识形态中仍居于主导地位，大学生对此总体上持认同态度，但在认同程度上存在着个体差异，这说明各种社会思潮对大学生的思想观念产生了一定的影响，不可小视。

（1）部分大学生对当代各种社会思潮有一定了解，但比较肤浅。调查问卷中，对“什么是社会思潮”这项，设计了 5 个选项，由高到低分别是非常了解、比较了解、一般、不太了解、不了解。我们把“一般”作为了解的中等程度，即知道有社会思潮这个概念，但从理论上说不清楚，对某一社会思潮的名称及个别观点有所了解，但不深入、不系统、不完整，处于一知半解状态。按此标准，选择“非常了解”的学生占 1.1%；选择“比较了解”的学生占 13.2%；选择“一般”的学生占 26.5%；

选择“不太了解”的学生占35.2%；选择“不了解”的学生占24%。具体如表2–1所示。

**表2–1　大学生对当代各种社会思潮了解程度调查统计表**

| | 了解程度 | 人　数 | 占　比 |
|---|---|---|---|
| 什么是社会思潮 | 非常了解 | 11 | 1.1% |
| | 比较了解 | 132 | 13.2% |
| | 一般 | 265 | 26.5% |
| | 不太了解 | 352 | 35.2% |
| | 不了解 | 240 | 24% |

可见，如果把了解程度“一般”以上的学生定为对当代各种社会思潮有所了解的学生，其数量占比为40.8%。这说明当代各种社会思潮对大学生尤其对赤峰学院这样的民族地区地方本科高校学生总体影响并不大，但是仍有小部分学生有一定了解，所以还是应该引起注意，不可等闲视之。从大学生对当代各种社会思潮的了解程度看，我们列举了七种社会思潮：新自由主义、历史虚无主义、普世价值、宪政民主、个人主义、民主社会主义、后现代主义。对这七种社会思潮的了解程度由高到低分别是个人主义、新自由主义、历史虚无主义、后现代主义、宪政民主、普世价值、民主社会主义。具体如表2–2所示。

**表2–2　大学生对当代各种社会思潮了解情况统计表**

| 思潮名称 | 非常了解 | 比较了解 | 一般 | 不太了解 | 不了解 |
|---|---|---|---|---|---|
| 新自由主义 | 29, 2.9% | 90, 9% | 281, 28.1% | 290, 29% | 310, 31% |
| 历史虚无主义 | 30, 3% | 117, 11.7% | 245, 24.5% | 423, 42.3% | 185, 18.5% |
| 普世价值 | 28, 2.8% | 99, 9.9% | 234, 23.4% | 368, 36.8% | 271, 27.1% |
| 宪政民主 | 38, 3.8% | 89, 8.9% | 238, 23.8% | 324, 32.4% | 311, 31.1% |
| 个人主义 | 80, 8% | 375, 37.5% | 350, 35% | 140, 14% | 65, 6.5% |
| 民主社会主义 | 32, 3.2% | 76, 7.6% | 247, 24.7% | 435, 43.5% | 210, 21% |
| 后现代主义 | 35, 3.5% | 102, 10.2% | 245, 24.5% | 386, 38.6% | 232, 23.2% |

（2）在对当代各种社会思潮的某些具体观点的认识和态度上，大学生总体认同度较低，但对个别错误观点比较感兴趣，要么认同，要么处于模棱两可状态。

对新自由主义思潮的态度，我们设计了6个问题，在认同度上，由低到高排列如下：对“市场是万能的，不需要政府人为干预”的观点，赞同的占9.6%；对“国有企业改革的方向是私有化”的观点，赞同的占12%；对“管得最少的政府才是最好的政府”的观点，赞同的占14.4%；对“国际贸易任何国家不应设置任何壁垒，应完全开放自由竞争”的观点，赞同的占19.7%；对“资本主义市场经济具有自我完善机制”的观点，赞同的占20%；对“个人是社会、国家的前提，个人自由不应受到限制”的观点，赞同的占31%。

对历史虚无主义思潮的态度，我们设计了10个问题，在认同度上，由低到高排列如下：对“近代以来中国革命造成流血牺牲、社会动荡和经济发展的停滞，只有破坏性作用”的观点，赞同的占6.5%；对“社会主义改造错了”的观点，赞同的占9.1%；对“近代以来中国革命是少数人鼓动的结果，不是必然发生的”的观点，赞同的占9.6%；对“中国若走资本主义道路，能更好地实现发展”的观点，赞同的占11.6%；对“中国选择社会主义道路，偏离了近代人类文明的主流”的观点，赞同的占12%；对“西方国家侵略中国有助于中国更好发展”的观点，赞同的占14.2%；对“现在写的中国近代史都是不对的，应该进行反思重写”的观点，赞同的占15.4%；对“义和团运动是一场盲目排斥外国人以及外来文化的极端愚昧的行为”的观点，赞同的占20.5%；对“李鸿章为了维护大清国的利益鞠躬尽瘁，不能说他卖国”的观点，赞同的占26.1%；对“五四运动是激进主义思潮的产物”的观点，赞同的占32.8%。

对普世价值思潮的态度，我们设计了7个问题，在认同度上，由低到高排列如下：对“古今中外，民主的具体内涵都是一样的”的观点，赞同的占5%；对“美国从独立至今，民主、平等、人权等价值标准没有变化”的观点，赞同的占8%；对“社会主义核心价值观中的自由、民主、平等与普世价值宣称的自由、民主、平等没有什么区别”的观点，赞同的占10.6%；对“中国改革就是向西方价值观念靠拢”的观点，赞同的占15%；对“社会主义国家与资本主义国家将来都差不多”的观点，赞同的占29.7%；对“西方自由、平等、博爱、人权就是人类的普世价值”的观点，赞同的占44.2%；对“只要老百姓日子过得好，姓资姓社的问题不重要”的观点，赞同的占52.8%。

对宪政民主思潮的态度，我们设计了4个问题，在认同度上，由低到高排列如下：对“军队国家化即军队保持中立有利于国家稳定”的观点，赞同的占8.1%；对“多党制因不同的政党互相监督可以有效防止腐败”的观点，赞同的占10.2%；对“三权分立因立法、行政、司法三权制衡可以有效防止专制主义”的观点，赞同的占15.4%；对“司法独立才能保证在法律面前人人平等，保证公平正义”的观点，赞同的占19.3%。

对后现代主义思潮的态度，我们设计了7个问题，在认同度上，由低到高排列如下：对“道德行为应该跟着感觉走而不应受理性控制”的观点，赞同的占7.9%；对“所谓文化就是娱乐至上”的观点，赞同的占14.9%；对“权威和国家的存在侵害了个体自由”的观点，赞同的占17.5%；对“大胆追求物质享受和感官愉悦是人的权利不应受到限制”的观点，赞同的占21.2%；对“任何人都有权按照自己的意志选择生活方式”的观点，赞同的占34.1%；对“没有什么永恒的崇高的道德理想”的观点，赞同的占37%；对“没有什么绝对正确普遍适用的价值观念”的观点，赞同的占84.6%。

通过上述调查统计，虽然当代各种社会思潮总体上对大学生影响不大，但其中个别观点对部分大学生影响较大，主要原因是大学生阅历不深，马克思主义理论和相关政治理论不够扎实，各种思想政治理论没有融会贯通所致。

（3）思想政治理论公共必修课在塑造大学生马克思主义世界观和社会主义核心价值观方面发挥了主渠道作用，也在引导大学生正确认识各种社会思潮方面发挥了望远镜和显微镜作用，但各门课程作用不同。通过调查问卷与访谈座谈，对各门思想政治理论课在大学生正确认识和辨析社会思潮中的作用，由高到低排列如下：马克思主义哲学原理占94.8%；毛泽东思想和中国特色社会主义理论概论占83.1%；中国近现代史纲要占79.8%；形势与政策占75.3%；思想道德修养与法律基础占67.1%；民族理论和民族政策占63.8%。

（4）思想政治理论课和人文社科类专业课是大学生接触了解社会思潮的基本渠道，但课外尤其是互联网、微博、微信等渠道日益凸显。通过调查问卷及座谈访谈，大学生接触了解社会思潮的主要渠道由高到低排列如下：课堂教学和学术报告占89.1%；互联网（微博、微信）占81.2%；报纸、杂志、书籍、影视占78.7%；老师、同学、朋友、家长占34.1%；课外活动占23.6%。

（5）关于中国特色社会主义理论的重要观点，大学生认同度普遍较高，但对一些核心观点的认同比例仍不理想。通过调查问卷和座谈访谈，对设计的7个重要观点的认同度由高到低排列如下：对“只有共产党才能救中国，只有共产党才能发展中国”的观点，赞同的占94.2%；对“指导思想不能搞多元化，必须坚持马克思主义在意识形态的指导地位”的观点，赞同的占91.5%；对“对待中华传统文化的态度要取其精华、去其糟粕”的观点，赞同的占87.4%；对“党和人民奋斗的光辉历史必须珍惜，不容歪曲和戏说”的观点，赞同的占83.3%；对“公有制为主体多种所有制经济共同发展的经济制度是符合中国国情的制度必须长期坚持”的观点，赞同的占80.1%；对“一个国家的民主制度必须与这个国家的历史文化传统和经济社会发展水平相适应”的观点，赞同的占79.6%；对“中国不能搞私有化”的观点，赞同的占

76.8%。

（6）从社会思潮与大学生学历层次关系看，本科层次的学生对社会思潮的了解程度和受影响程度明显高于专科，而本科层次的大四学生对社会思潮了解程度略高于前三个年级，大一至大三没有明显差异。具体如表2–3所示。

表2–3　专科、本科学生对各种社会思潮了解情况（占比）

| 社会思潮 | 本科层次 | | 专科层次 | |
|---|---|---|---|---|
| | 人数 | 比例 | 人数 | 比例 |
| 新自由主义 | 206 | 23% | 19 | 18% |
| 历史虚无主义 | 224 | 25% | 19 | 18.5% |
| 普世价值 | 182 | 20.3% | 115 | 14% |
| 宪政民主 | 175 | 19.5% | 14 | 13% |
| 个人主义 | 701 | 78.3% | 47 | 45% |
| 民主社会主义 | 170 | 19% | 10 | 9.2% |
| 后现代主义 | 188 | 21% | 16 | 15% |

（7）从社会思潮与大学生政治面貌的关系看，党员对社会思潮的了解程度高于团员，但受影响程度较低。党员学生了解社会思潮的渠道比团员广泛，而从主流渠道了解社会思潮更多一些，如表2–4所示。

表2–4　大学生党员、团员对各种社会思潮了解情况（占比）

| 社会思潮 | 党员 | | 团员 | |
|---|---|---|---|---|
| | 人数 | 比例 | 人数 | 比例 |
| 新自由主义 | 10 | 23.5% | 168 | 18.2% |
| 历史虚无主义 | 11 | 26.3% | 196 | 21.3% |
| 普世价值 | 9 | 20.4% | 161 | 17.5% |
| 宪政民主 | 12 | 29% | 213 | 23.1% |
| 个人主义 | 24 | 56% | 489 | 53% |
| 民主社会主义 | 8 | 19% | 150 | 16.3% |
| 后现代主义 | 10 | 24% | 194 | 21% |

（8）从社会思潮与大学生所学专业的关系看，人文社科专业学生对社会思潮的了解程度、受影响程度高于理工医专业学生，而且人文社科专业学生了解社会思潮的途径比理工医专业学生多，如表2–5所示。

表 2–5　人文社科、理工医专业学生对各种社会思潮了解情况（占比）

| 社会思潮 | 人文社科 | | 理工医 | |
|---|---|---|---|---|
| | 人数 | 比例 | 人数 | 比例 |
| 新自由主义 | 166 | 35% | 121 | 23% |
| 历史虚无主义 | 189 | 40% | 137 | 26% |
| 普世价值 | 190 | 40.1% | 112 | 21.2% |
| 宪政民主 | 182 | 38.5% | 100 | 19% |
| 个人主义 | 402 | 85% | 210 | 40% |
| 民主社会主义 | 170 | 36% | 111 | 21% |
| 后现代主义 | 180 | 38% | 126 | 24% |

（9）从社会思潮与大学生性别的关系看，男生对社会思潮了解和受影响程度高于女生，如表 2–6 所示。

表 2–6　男生、女生对各种社会思潮了解情况（占比）

| 社会思潮 | 男生 | | 女生 | |
|---|---|---|---|---|
| | 人数 | 比例 | 人数 | 比例 |
| 新自由主义 | 93 | 19% | 82 | 16% |
| 历史虚无主义 | 103 | 21% | 87 | 17% |
| 普世价值 | 99 | 20% | 97 | 19% |
| 宪政民主 | 108 | 22% | 89 | 17.5% |
| 个人主义 | 269 | 55% | 245 | 48% |
| 民主社会主义 | 88 | 18% | 93 | 18.2% |
| 后现代主义 | 112 | 23% | 107 | 21% |

## 二、社会思潮影响大学生呈现出新特点

（1）高校学生在接触和把握社会思潮的途径和方式上，课外渠道多于课内渠道，感性方式多于理性方式。在接受社会思潮影响的途径上，如果说 20 世纪 80—90 年代的大学生主要通过课堂和书籍去接触、了解和接受某种社会思潮的话，21 世纪的大学生更多的是通过互联网、书刊、影视和课外活动接触、了解和接受某种社会思潮。在对社会思潮的把握方式上，如果说 20 世纪 80—90 年代大学生更喜欢以讨论、思辨的理性方式把握社会思潮，21 世纪的大学生则更偏好以感性方式把握社会思潮。而且，由于社会主义市场经济的发展，大学生就业方式的改革，社会生活的复杂多变，利益格局的重大调整，个人自主、自由空间大大拓展的同时，带来许多纠结和困惑，

使高校学生更加理性务实。他们更多的是从微观层面、个人生活、现实人生出发去接受社会思潮影响，而不再热衷于宏大叙事和理性思辨，这是一个重大转向。以调查情况看，如果把课堂教学和学术讲座划为了解社会思潮的课内渠道，把学术会议、校园文化活动、图书馆阅览、影视、互联网络、报纸杂志、家长老师、同学朋友划为了解社会思潮的课外渠道，那么通过课外渠道获得社会思潮信息占 68.6%，而通过课内渠道获得社会思潮信息占 31.4%。很明显，课外已经是获得社会思潮信息的主要渠道。

（2）各种社会思潮吸引大学生的注意主要不是靠其理论观点的合理性、深刻性和系统性，而是靠新奇性、多样性及叛逆性。中国特色社会主义理论体系经过实践证明是非常适合中国国情、切合中国发展实际、为中国带来翻天覆地变化的正确的理论。这个理论以无可辩驳的事实征服了全体中国人，也让世界刮目相看。因此，各种社会思潮在与中国特色社会主义理论的交流、交融、交锋中先后败下阵来，其思想理论不论怎么系统完整都无法科学解释中国人民取得的成就，也无法令人信服。于是，这些社会思潮便变换形式，以新奇的传播方式吸引大学生。比如，历史虚无主义思潮以搞笑、戏说、娱乐的方式解读严肃历史，以此来吸引大学生，借此给大学生历史观带来混乱。又如，西方和国内一些人抛开普世价值的历史性、具体性和思想实质不谈，抽象地把自由、民主、平等、人权等资产阶级价值观看成全人类的共同价值，故意混淆与社会主义核心价值观的本质区别，以此吸引大学生的注意，进而对大学生思想产生负面影响。

（3）各种社会思潮对大学生的影响并非单一、清晰、有边界的，而是具有交叉性、杂糅性和综合性。在高校，当问及各种社会思潮对自己的影响时，一些学生能或多或少、或深或浅地说出一二，但如果再深入探讨交流，学生对具体社会思潮名称、具体理论观点归属大都茫然。他们分不清新自由主义、普世价值、宪政民主、历史虚无主义各自的理论边界和各自的核心内涵，更多的时候他们把这些社会思潮看成大同小异的东西。这种现象说明大学生接受社会思潮影响大都不是在经过对某一种社会思潮进行深入了解后才接受的，而是笼统的潜移默化地接受。从社会思潮角度说也不是单纯以某种观点主张影响大学生，而是与其他社会思潮交叉在一起对大学生施加影响，所以这种影响呈现出综合的特点。比如，新自由主义、普世价值、宪政民主尽管理论侧重点不一，各有自己的理论体系，但在大学生看来，在与中国特色社会主义理论对立这一点上是一致的，目的都是否定中国共产党的领导，否定马克思主义，否定中国特色社会主义。事实上也的确如此，这些社会思潮来自西方，本质上都是资产阶级价值观在经济、政治、思想文化领域的体现，在阶级本质上都是一致的，都是与社会主义意识形态对立的。

（4）各种社会思潮在对大学生影响的强弱上并非等量齐观，而是有的强，有的弱；有的显，有的隐；还有的时断时续。某种社会思潮的流行和发展既需要其本身有一定的思想积累，又需要特定时代有适宜的政治气候和社会土壤，更需要一定时代的特定群体心理需求，当缺少这些条件时，某种社会思潮就会处于潜隐状态，一旦具备这些条件，某种社会思潮就会流行泛滥开来。是社会需求催发了社会思潮。

（5）大学生接触认识社会思潮愈加趋于平和理性，但对社会思潮的思想理论体系缺乏系统全面把握。随着中国改革开放和社会主义现代化建设的持续发展，各种社会思潮轮番上场，大学生对此已经见怪不怪，对这些标新立异理论的好奇心已经淡化许多，开始以一种平和理性心态看待它、了解它，这一方面说明中国综合国力增强了，在世界舞台上由边缘走向了中央，包括大学生在内的中国人更加自信了，另一方面中国经济社会快速发展、中国人民生活水平大幅度跃升的无数事实让大学生深刻认识到中国特色社会主义道路、理论和制度的可信性、有效性、可行性和正确性。尤其在当前这个互联网和全球化时代，大学生视野更加开阔，他们自觉不自觉地会将中国与其他国家进行比较，因而会更加理性地看待当下的中国，不会盲目地去迷信某种社会思潮。但是，大学生对各种社会思潮理论体系和思想实质的认识是支离破碎的、不系统的，没有达到思想自觉的程度。

# 第三章　新自由主义思潮

## 一、新自由主义概况

自由主义是西方资本主义社会处于主导地位的意识形态，虽然从思想渊源上可以追溯至古希腊时期，但是成为近现代资本主义社会的主流思想是英国资产阶级革命时期。资产阶级的自由主义可分为古典自由主义时期和新自由主义时期。古典自由主义从 17 世纪延续至 19 世纪末，新自由主义从 19 世纪末直到现在。

17 世纪中叶，英国思想家洛克在其《政府论》等著作中提出了自由主义原则，阐释了个人自由、个人财产神圣不可侵犯等一系列政治主张，被马克思称为资产阶级“自由思想的始祖”。在美国独立战争期间，《独立宣言》《美利坚合众国宪法》和 1789 年的《权利法案》都以不同形式确立了自由主义思想原则。1789 年法国资产阶级大革命中产生的《人权和公民权宣言》集中体现了资产阶级自由主义思想。1776 年英国古典经济学家亚当・斯密发表了《国富论》，全书紧紧围绕自由市场这一论题，主张自由放任的经济（今天的市场经济），让市场这只“看不见的手”调节经济，政府减少干预只充当“守夜人”的角色，同时第一次提出了分工理论，认为只有分工才能大幅度提高效率、增进财富。《国富论》的发表标志着古典自由主义的诞生。在自由主义发展史上，英国人密尔是一位承前启后的重要思想家，他上承古典自由主义，下启新自由主义，其核心思想是如何处理个人和国家的关系，即个人和国家哪个优先。他主张国家的政治、经济、社会都应以维护个人自由为目的。密尔把自由主义思想从经济领域扩展到社会领域，推动了自由主义的传播，也开启了新自由主义时期。

新自由主义时期从 19 世纪末延续至今。1927 年，奥地利经济学家米瑟斯的《自由与繁荣的国度》一书发表，书中倡导私有制，反对社会主义公有制，主张经济上的自由放任。新自由主义在发展过程中出现过若干流派，如伦敦学派、货币主义学派、供给经济学派、理性预期学派、公共选择学派、新制度经济学派等，这些学派万变不离其宗，其共性的核心思想均源于米瑟斯的《自由主义》这部著作，因此米瑟斯成为新自由主义的鼻祖。

1929年至1933年，世界性的经济危机爆发，主张自由放任的新自由主义的弊端也暴露出来，这等于宣告了古典经济学和自由竞争资本主义时代的结束。在严重的经济危机面前，以加大政府投资、增加有效需求、加强政府干预、扩大就业为主要特征的凯恩斯主义应运而生。在美国，罗斯福信奉并践行了凯恩斯理论，实行新政，增加了就业，刺激了需求，克服了危机，缓和了矛盾，取得了积极效果，这充分说明凯恩斯主义是有效的。于是，凯恩斯主义成为资本主义世界的救世良方，在20世纪30—70年代成为西方资本主义世界的主流经济思想，新自由主义则走入低潮。

20世纪60年代末70年代初，在凯恩斯主义指导下，西方资本主义世界经过40年的繁荣发展开始走向停滞和衰落。尤其在1974年爆发石油危机后，重要资源供给不足，价格急剧上涨，经济增速下降，西方世界陷入滞胀危机。面对此种危机，凯恩斯主义不能给出合理解释，当然也开不出有效药方。于是，沉寂多年但一直在积蓄力量的以哈耶克、弗里德曼为代表的新自由主义就呼之欲出了。

以哈耶克为代表的新自由主义者抓住这一天赐良机，把凯恩斯主义作为导致滞胀危机的罪魁祸首予以猛烈抨击。他们主张减少国家干预，限制政府权力，削减政府支出，给市场主体以充分自由，让市场机制充分发挥作用。他们认为私有制才是最好的经济制度。1979年，撒切尔夫人出任英国首相。1980年，里根入主白宫。上任伊始，两人立马放弃凯恩斯主义，共同启动以推行新自由主义为目标的经济改革，于是，新自由主义取代了凯恩斯主义成为风靡西方国家的主流经济学派。

1990年，由美国国际经济研究所牵头，国际货币基金组织、世界银行等重要机构参与的在华盛顿召开的会议达成了一项重要共识，即“华盛顿共识”。这个“共识”的出笼标志着新自由主义嬗变为西方资本主义世界的国家意识形态和主流价值观念。这时的新自由主义已经变成国际垄断资本主义的理论体系，适应了国际垄断资本向全球扩张的需要，成为以美国为首的资本主义发达国家向发展中国家推行强权政治、新殖民主义、霸权主义的工具。这种新自由主义蔓延至拉丁美洲、东欧和亚洲各国，所到之处，带来的是经济、政治、社会的灾难。2007年，美国次贷危机爆发，紧接着引爆全球性金融危机，于是，人们开始清醒地认识到这一切都是新自由主义导致的恶果，新自由主义也因其明显的危害性而走向衰微。

新自由主义是由众多风格不同、主旨大体一致、具体观点各异的不同学术流派在不断发展中逐步形成的。狭义的新自由主义主要是指以哈耶克为代表的新自由主义。广义的新自由主义包括哈耶克为代表的伦敦学派以及现代货币学派、理性预期学派、公共选择学派、供给学派、新制度经济学派。其中，在资本主义世界影响较大的主要有伦敦学派、现代货币主义学派、理性预期学派和公共选择学派。

（1）伦敦学派。伦敦学派是20世纪二三十年代在英国出现的一个最为重要的新自由主义学派。由于其主要代表人物大都在伦敦大学经济学院工作过，所以称为伦敦学派。伦敦学派的奠基人是著名经济学家埃德温·坎南和利奥尼尔·罗宾斯。弗里德里希·奥古斯特·冯·哈耶克是伦敦学派的灵魂人物。坎南1861年出生于西班牙，三岁时随父母迁往英国，1880年进入牛津大学，1887年获得硕士学位。从1897年开始，坎南担任伦敦大学经济学院讲师，1907年起担任伦敦大学经济学院教授，直到1926年离开伦敦大学经济学院。坎南在货币理论和金本位制理论方面颇有建树，其代表作有《初级政治经济学》《英国地方税史》《财富论》《货币论》《现代通货及其价值的调节》等。坎南在伦敦大学执教期间培养了众多学生，其中罗宾斯等人成为这个学派的中坚力量。

罗宾斯1898年生于英格兰，1923年毕业于伦敦大学经济学院。从1929年起，罗宾斯任伦敦大学经济学院教授并长期担任经济学系主任。罗宾斯坚持自由主义，对伦敦学派的建立起过重要作用。罗宾斯的主要著作有《论经济科学的性质和意义》《大萧条》《英国古典政治经济学的经济政策理论》《经济思想史中的经济发展理论》等。

弗里德里希·奥古斯特·冯·哈耶克1899年生于奥地利维也纳，1921年获维也纳大学法学博士学位，1923年获维也纳大学政治学博士学位。1931年哈耶克应罗宾斯之邀到伦敦大学讲学，成为伦敦学派的领军人物。在伦敦大学期间，哈耶克高举经济自由主义的大旗，先后与凯恩斯就国家是否应该干预经济问题、与兰格就社会主义经济计划问题展开大论战。在论战中，哈耶克围绕中性货币、经济周期、经济学与其他人文社会科学之间的联系与区别问题进行阐述，发展并完善了其经济自由主义思想，出版了许多见解独特、令人耳目一新的著作，基本形成了经济自由主义思想的理论框架，大大提高了伦敦学派的知名度。哈耶克一生著作等身，代表性著作有《价格与生产》《货币理论与经济周期》《通往奴役之路》《自由宪章》《致命的自负——社会主义的谬误》等。由于哈耶克在货币理论、经济周期等领域的卓越贡献，其在75岁时获得诺贝尔经济学奖。

伦敦学派作为最激进、最彻底的新自由主义学派，其重要观点与主张主要体现在以下几个方面：第一，主张恢复金本位制。坎南认为金本位制可以把货币流通的数量置于政府的有效控制之下，从而避免物价的波动，达到保持物价基本稳定之目的。第二，鼓吹私有制，主张经济自由。哈耶克认为，私有制是自由的前提和条件，非个人所有，是个人自由的障碍，私有制才是自由的保障。“只是由于生产资料掌握在许多个独立行动的人的手里，才没有人有控制我们的全权，我们才能够以个人身份来决定我们要做的事情。如果所有的生产资料都落到一个人手里，不管它在名义上是属于整个社会的，还是属于独裁者的，谁行使这个管理权，谁就有全权控制我们。”第三，反对国家干预经济，主张市场机制自由发挥作用。哈耶克认为政府干预市场，必然导致自发秩序受到人为限制。哈耶克强调，在市场秩序中，市场能够自动实现最优化的经济效率，个人自由不应受国家的不当干预。第四，反对社会主义和计划经济。伦敦学派认为社会和计划经济会导致个人自由的丧失和经济效率的低下，是一条通往奴役的道路。

（2）现代货币主义学派。现代货币主义学派是20世纪50年代中期出现于美国的新自由主义流派，它的产生被认为是对凯恩斯主义的革命。1968年，美国经济学家卡尔·布伦纳最先使用“货币主义”一词来表达该学派的主要特征。随后，“货币主义”在西方经济学界迅速传播并被广泛应用。美国芝加哥大学教授弗里德曼是该学派的创始人和精神领袖。1956年，弗里德曼发表了《货币数量论的重新表述》一文，对传统的货币数量论进行新的阐释，为货币主义奠定了理论基础，此文的发表标志着现代货币主义的形成。

现代货币主义学派产生于凯恩斯主义风头正劲的20世纪50年代，其一开始并未受到西方主流经济学界及政界的重视。然而，20世纪60年代末，西方各主要资本主义国家相继陷入滞胀泥淖，凯恩斯主义风光不在。而作为凯恩斯主义对立面的现代货币主义学派提出的一系列政策主张适应了西方国家挽救滞胀危机的需求，受到西方政要的青睐。20世纪70年代末80年代初，英国保守党和美国共和党在大选中分别战胜各自对手。英国保守党领袖撒切尔、美国总统里根抛弃凯恩斯主义，转而信奉现代货币主义。现代货币主义开始取代凯恩斯主义登上西方主流经济学的宝座。

弗里德曼1912年生于美国纽约。1928年进入拉特格斯大学，1946年获哥伦比亚大学博士学位。弗里德曼一生在市场经济、现代货币理论、消费分析及浮动汇率等领域成果丰硕，1976年获诺贝尔经济学奖。其代表作主要有《实证经济学方法论》《货币数量论的重新表述》《消费函数理论》《资本主义与自由》《自由选择》《价格理论》等。

现代货币主义学派的代表人物除了弗里德曼外，还有美国的卡尔·布伦纳、利奥纳尔·安德逊，英国的艾伦·沃尔特斯、戴维·莱德勒，奥地利的赫尔姆斯·弗里希。这些经济学家在弗里德曼的带领下成为现代货币主义学派的中坚。

现代货币主义学派作为最具影响的新自由主义流派之一，其理论观点和政策主张与凯恩斯主义截然不同。现代货币主义学派反对国家干预经济生活，主张在经济管理上实行自由放任政策。现代货币主义学派认为，市场经济具有动态调整功能，无须政府过多干预，可自发调整使经济运行趋于稳定。现代货币主义学派力主废除固定汇率制，实行浮动汇率制。弗里德曼认为，固定汇率无法保证国际贸易的平衡，容易刺激各国增发货币，引起世界性通货膨胀。现代货币主义学派坚信，货币供应量在经济流通中起着决定性作用。资本主义体系之所以不稳，是因为货币受到扰乱，所以货币最重要。货币是支配资本主义产量、就业和物价变量的唯一重要因素。只要充分发挥市场机制的作用，资本主义体系本身是可以稳定的。他极力主张货币政策只要求货币数量稳定、有节制地增加，即支持长期的货币规则或目标。现代货币主义学派认为，采取“单一规则”的货币政策，即以货币供应量作为唯一调节手段，就能使国民经济达到物价稳定与充分就业，使经济运行实现均衡发展。货币供应量的变化将导致国民收入的变化，通过控制货币供应量可以有效抑制通货膨胀的出现，防止经济萧条，促进经济增长。现代货币主义学派的理论和政策主张在 20 世纪 80 年代被英美等西方发达国家奉为消除滞胀危机的灵丹妙药。

（3）理性预期学派。理性预期学派是 20 世纪 70 年代在美国出现的一个以“理性预期假说”为理论基础的新自由主义学派。理性预期学派是在批判凯恩斯主义的过程中逐渐成长起来的。它以其独特的理性预期理论对宏观经济学的理论结构和分析方法进行彻底改造，用货币周期模型说明经济波动的原因，得出了货币政策无效的结论，引发了宏观经济学的“理性预期革命”。1961 年，美国经济学家约翰·穆斯在《经济计量学》杂志上发表《理性预期与价格运动理论》的论文，首次提出了“理性预期”的概念。在穆斯看来，理性预期就是经济活动当事者的预期由于相同的信息背景而趋向理论预测的结果。20 世纪 70 年代后，信奉理性预期观点的经济学家日益增多，理性预期学派逐渐形成。理性预期学派的主要代表人物有罗伯特·卢卡斯、托马斯·萨金特、罗伯特·巴罗等。

卢卡斯 1937 年生于华盛顿，1964 年获芝加哥大学经济学博士学位，1974 年后长期在芝家哥大学任教。卢卡斯在理性预期理论上的杰出贡献使其于 1995 年获诺贝尔经济学奖。代表性论著有《预期和货币中性》《经济计量政策评价》《经济周期理论研究》《理性预期与经济计量实践》等。萨金特 1943 年生于加利福尼亚，1968 年获哈佛大学哲学博士学位，先后在芝加哥大学、哈佛大学等处任教。主要研究方向是宏观经济模型中的预期作用。代表作有《宏观经济理论》《理性预期与恶性通货膨胀动态学》《理性预期与通货膨胀》等。巴罗的主要贡献在于论证了不完全信息与理性预期对经济周期的作用及其对经济政策效应的影响，验证了自然率假说。主要论著有《理性预期与货币政策的作用》《货币、就业和通货膨胀》《货币、预期和经济周期》等。

理性预期学派在批判凯恩斯主义的过程中逐步形成了自己别具特色的理论观点。首先，理性预期学派从理论上对凯恩斯主义进行了全面批判。理性预期学派认为凯恩斯主义的分析方法是无理性预期的分析方法，其分析前提是不现实的，分析方法是有缺陷的。理性预期学派认为，凯恩斯主义的经济政策思想也是错误的，凯恩斯主义把总的就业水平与物价水平作为政策评价标准是没有根据的。其次，理性预期学派提出了自然率假说、理性预期假说、货币中性和货币非中性假说。在四大假说的基础上，理性预期学派全面阐述了自己的基本理论与主张。最后，理性预期学派认为，政府的行为是可以预测的，政府的政策是无效的。由于人们可以根据历史上的政府行为来推测政府的未来行为，所以政府的行为是可以预测的，政府政策的效力可能会被人们合理预期所形成的对策减小或抵消，最终导致政府政策的无效。

（4）公共选择学派。公共选择学派兴起于20世纪60年代，以布坎南和塔洛克为主要代表，他们运用现代经济学原理研究政府决策行为、公民的公共选择行为以及两者之间的互动关系。公共选择学派是在西方国家政府干预经济不断加强，政府在经济生活中的作用不断强化，传统市场选择理论日益陷入困境的情况下出现的。公共选择学派萌芽于20世纪50年代，1957年布坎南与其他学者在弗吉尼亚大学创办“托马斯·杰斐逊研究中心”，标志着公共选择学派的正式开端。1958年，邓肯·布莱克发表《委员会与选择理论》的论文，开创了公共选择理论研究的先河。1965年，塔洛克与布坎南成立了公共选择学会，公共选择学派的学术影响逐渐扩大。1966年，塔洛克创办《公共选择》杂志，成为公共选择学派的学术阵地。1969年，布坎南与塔洛克在弗吉尼亚理工学院创办“公共选择研究中心”，至此公共选择学派正式形成。1986年，布坎南获得诺贝尔经济学奖，这标志着公共选择学派的影响和成就受到世人瞩目。

公共选择学派的主要代表人物有美国著名经济学家布坎南、塔洛克、缪勒、罗利等人。布坎南1919年生于美国田纳西州，早年就读于田纳西大学，1946年进入芝加哥大学攻读博士学位。博士毕业后，布坎南先后在田纳西大学、佛罗里达州立大学、弗吉尼亚大学任教。1957年起他潜心研究公共选择理论并成立相关研究机构，1986年获得诺贝尔经济学奖。布坎南的主要代表作有《同意的计算：宪法民主的逻辑基础》（合著）、《成本与选择：经济理论的探讨》《公共选择论：经济学的政治性应用》（合著）、《自由的限度：在无政府主义和专制政府之间》等。同为公共选择学派的塔洛克在公共选择理论方面也做出了重大贡献，主要著作有《官僚政治学》《社会的困境：战争与革命经济学》等。

公共选择学派以理性经济人假设为出发点分析人类行为，认为任何经济活动的参与者都是自利的，都是自身利益最大化的追求者，同时在行动上是理性的，能够根据自身的利益需求来决定自己的行动。在方法论上，公共选择学派将传统经济分析方法应用于政治领域，认为应该从个体角度去寻找人类行为的原因，作为个体的人，其本性都是以追求个人利益最大化为终极目标的。公共选择学派主张在公共部门的行政管理体制内部建立竞争机制，认为只有破除公共产品的生产垄断，在行政管理体制内建立有效的竞争机制，才能切实提高政府效率。公共选择学派主张公众按照特定规则，通过投票实现对公共产品的最优选择。公共选择学派认为，政府干预只会导致财政赤字、政府效率低下以及政府行为失效。为此必须进行宪政改革，用宪法约束政府权力，重构政府与经济活动的宪法规则。

## 二、新自由主义的核心思想

新自由主义在发展中尽管形成了许多流派，而且各具特色，但在主要观点上仍一脉相承，大体一致。

第一，在价值观上奉行个人主义。个人主义是新自由主义的哲学基础。新自由主义者认为，个人权利是神圣不可侵犯的，任何一个人的任何诉求都应得到尊重、受到保护，而且这些诉求是平等的，没有优劣高下之分，每个人都有实现诉求的自由。他们认为，个人权利实现程度是一个社会文明进步的标志，个人利益是解释一切事件的动因。在个人与社会、国家关系上，他们认为，个人优先于国家和社会，社会也好，国家也罢，都不能以任何理由侵犯个人权利。可以说新自由主义的思想基础是个人主义，其非常重视个体在自由竞争中的发展。

第二，在经济上推行“三化”，即自由化、私有化、市场化。自由化是经济自由，是其他一切自由的基础，是社会财富和经济效率的前提。新自由主义者认为自由选择是经济和政治活动最基本的原则，应当自由地拥有私人财产，自由地进行交易，自由地消费，自由地就业。自由选择的程度越高，经济活动的效率也就越高。在新自由主义者看来，私有化是人类历史上最有效、最合理、最可行，其他任何制度都是不可行的。他们认为只有在私有制条件下，每个人才会有发财致富的机会，经济才能均衡发展，民众才能充分就业，资本才能合理流动，资源才能有效配置。新自由主义一方面极力美化私有制，另一方面极力丑化公有制，认为公有制必然导致效率低下、浪费惊人和贪污腐败，而且限制人们的自由，甚至走向极权主义。市场化就是新自由主义坚信市场万能，主张全面市场化，崇尚自由放任的市场经济，反对任何形式的计划经济，反对政府干预，所有生产要素都应该由市场配置。新自由主义者坚信市场这只“看不见的手”才是实现资源优化配置的有效手段，除此之外，任何人为干预对经济发展都是有害的。新自由主义是在与凯恩斯主义的斗争中发展起来的，两者斗争的焦点是如何对待政府在经济发展中的作用。凯恩斯主义主张国家干预，而新自由主义坚决反对国家干预，认为国家干预破坏了市场自由竞争，必然导致市场失灵和效率低下。事实上，新自由主义主张自由化、私有化、市场化，完全是出于国际垄断资本在全球扩张的需要。

第三，在政治上主张西式民主。与自由化、私有化、市场化呼应，新自由主义者在政治上主张西式民主。他们认为，计划经济必然导致国家拥有绝对权力，而绝对权力必然导致极权，极权必然使人民走向奴役之路。同样，国家干预必然导致对个人自由的侵犯，最终走向奴役之路。他们极力美化西方的政党制度、议会制度、选举制度，并将之作为具有普世价值的制度向全世界推销。

## 三、新自由主义对拉美国家、东欧国家以及俄罗斯的危害

### （一）新自由主义对拉美国家带来的危害

20 世纪 70 年代初，新自由主义思潮就由资本主义世界传入拉美国家，但当时的传播范围只限于智利一国。从 20 世纪 80 年代中后期开始，新自由主义思潮迅速在拉美各国蔓延。1990 年“华盛顿共识”的出笼标志着新自由主义改革模式成为拉美国家经济改革的样板，推动着拉美国家的新自由主义改革向纵深发展。

在新自由主义思潮的影响下，拉美国家在 20 世纪中后期相继进行了经济改革，拉美国家的经济改革主要集中在以下几个方面：

第一，降低关税，实行贸易自由化。20 世纪 80 年代末，拉美国家开始大规模降低关税，实行贸易自由化。从整个拉美地区看，平均关税从改革前的 44% 下降到改革后的 10%。以阿根廷为例，从 1989 年开始，梅内姆政府改革商品进出口管理制度，除了少数事关国防和其他须由相关部门批准的特殊商品外，以前受到限制的大部分商品被解除了进出口管制。到了 1991 年 3 月，原材料的关税降为零，成品关税降为 22%，平均关税降低了 10%。此外，拉美国家普遍降低了非关税壁垒，基本上取消了用国家干预手段控制国外产品输入的做法。

第二，国有企业私有化。拉美国家通过直接出售、公开上市、管理层收购、合资、特许经营权和租赁等方式将国有企业转变成私人企业。通过私有化改革，原本由国家掌握的关乎国民经济命脉的银行、钢铁、煤炭、石油、化工、交通、邮政、电信、传媒等行业的骨干企业被出售一空。阿根廷堪称私有化最彻底的国家，它不

仅卖光了竞争性领域的国有企业，还几乎卖光了战略性行业的国有企业，包括开采石油、天然气资源的国有企业，通信、电力、公用事业及核电站，甚至还有港口、码头、机场、火车站等。1995 年，巴西开始进行激进、彻底的私有化改革，对钢铁、石油化工以及部分国有企业实行私有化。1988 年至 1994 年，墨西哥的国有企业总数从 1988 年的 412 家减少到 137 家。

第三，金融自由化。拉美国家金融自由化的主要内容如下：一是放松对外资的限制。拉美国家普遍放松了对外资数额和投资领域的限制，简化了外资进入本国的报批手续并出台优惠政策吸引外资。二是开放金融市场，允许外资在本国开展金融业务。1993 年，阿根廷《外商投资法》取消了外国金融机构在阿根廷开展金融服务、资本转移、利润汇出等方面的限制。1994 年，阿根廷全面开放本国金融市场，允许外资银行在阿根廷设立分支机构，自由营业。三是减少国家对经济的干预。由于拉美国家大规模对国有企业私有化，对贸易、金融自由化，这些改革措施已经在很大程度上使国家失去了干预经济活动的凭借手段。此外，拉美国家还在价格、汇率及外汇管理上放松管制，逐渐取消价格管制，减少价格补贴，放松或解除对外国商品的进口限制。四是改革税收制度。拉美国家的税收制度在改革前存在着许多弊端，20 世纪 90 年代中期，拉美国家开始按照“华盛顿共识”中关于“开展税制改革，降低边际税率，扩大税基”的要求开展了税收制度改革，主要降低了外贸税率及公司利润税的边际税率，普遍实行增值税，加强了对税收的征管，在立法和行政管理方面使税制简化。

第四，劳工和社会保障制度改革。拉美国家劳工制度改革的重点是减少解聘雇员的成本和简化招收临时工的程序，使雇员和雇主的关系更加适应市场经济的要求。在社会保障制度改革方面，主要是建立以“个人资本化账户”为基础的私人养老基金制度。

从短期看，20 世纪 80 年代中后期拉美国家进行的新自由主义的经济结构改革取得了一定的积极效果。但从长期看，新自由主义经济改革给拉美国家和拉美人民带来的消极影响和痛苦却是长久而深刻的。

第一，贫困人口增多，贫富两极分化严重。拉美国家在经济结构调整过程中普遍实行私有化、金融自由化以及劳工和社会保障制度改革，这些改革使大多数拉美人的经济权益受到侵害，富人阶层则通过私有化大肆鲸吞国有资产而变得更加富有。拉美国家的贫困人口进一步增多，贫富差距进一步扩大，财富进一步向少数人手中聚集，大多数人则成为新自由主义改革的牺牲品。阿根廷在经历了新自由主义经济改革之后，从 2001 年开始，其经济呈现急剧恶化的态势，全国贫困人口数量持续增加。2001 年 12 月，阿根廷的食品消费量减少了 19%。2002 年 1 月，食品消费量又减少了 12%，总统被迫宣布进入食品紧急状态。据阿根廷官方统计，从 2001 年 10 月到 2002 年 3 月，阿根廷新增贫困人口约 150 万人，贫困人口数量占其总人口的 42.6%。2002 年下半年，阿根廷贫困人口数量继续攀升，截至当年 10 月，全国贫困人口比重已经上升到 57%，而且这种趋势还在继续。在贫困人口数量不断飙升的同时，贫富差距愈加明显。1974 年，占阿根廷全国人口 10% 的最富裕人群的收入占到当年国民收入的 28.2%，而最穷的 10% 的人只占到 2.3%，到了 1997 年，这两个数字已经分别变为 37.1% 和 1.6%。在巴西，1994 年国民总收入的 51.3% 集中于占人口 10% 的最富的人手里，而占人口 20% 的最穷的人所占收入份额仅为 2.1%。

新自由主义经济结构改革使越来越多的拉美人陷入贫困与饥饿，而少数富人和特权阶层利用手中掌握的权力和资源，通过掠夺原本属于全体国民的公有资产而变得更加富有。在新自由主义的引导下，拉美国家的大多数人陷入了经济不自由的深渊，而少数富人在财富上更加“自由”。

第二，经济增长乏力，国民经济陷入绝境。拉美国家的新自由主义经济结构调整在短期内对个别国家的经济增长起到了一定的促进作用，但这种短暂的增长是以牺牲经济的持续发展为代价的，因而不具有可持续性。1950 年至 1980 年，拉美国家普遍实现了经济快速增长，30 年平均年增长率高达 5.6%。相比之下，20 世纪 80 年代，在拉美国家转向新自由主义经济改革以后，拉美地区的经济陷入了发展停滞的“失去的十年”。1991 年至 2000 年，拉美地区年均经济增长率为 3.2%。1999 年拉美国家经济增长率为 0.5%，2001 年又降至 0.4%，2002 年出现了 0.5% 的负增长。1994 年到 2001 年的 8 年时间里，拉美国家发生了三次大的衰退，平均不到三年就经历一次衰退。另据联合国拉美经济委员会 2002 年 8 月初的一份报告称，2002 年上半年拉美国家的 GDP 比上年同期下降 3 个百分点，预计全年将比 2001 年下降 0.8 个百分点，人均产值比 1997 年低 2 个百分点。拉美经委会专家组得出这样的结论：改革对增长的影响是“令人惊奇的小”，经济增长速度和期望值相比令人失望。

新自由主义改革没有促进拉美地区的经济发展，相反给拉美国家的经济发展带来致命的打击，使拉美国家的经济陷入绝境。新自由主义经济改革破坏了拉美国家经济发展的支柱性行业，大批事关国民经济命脉的骨干企业被卖给私人资本，国民经济失去了发展基础。金融贸易自由化，外资和外国产品的自由出入，冲击了拉美国家的民族产业，破坏了拉美国家的金融体系，国际金融资本随时可以在拉美地区兴风作浪，从而导致拉美国家的金融稳定受制于人。经济发展停滞、社会保障制度改革对工人阶级造成了极大危害，从长远来看，破坏了拉美国家的劳动力资源，使拉美经济发展失去了最重要的人力支撑。社会动荡、政权更迭恶化了拉美地区的经济发展环境，使原本就陷入停顿的经济雪上加霜。凡此种种，都对拉美地区的国民经济造成重大打击，国民经济在内外交困中陷入绝境。

第三，经济波动频繁，经济危机不断。拉美地区新自由主义经济改革的目的之一就是减少政府对经济活动的干预。这一目标从表面上看是通过减少政府对经济活动的限制法令控制政府行为的方式完成的。但从深层次看，拉美国家的私有化、自由化等政策实际上摧毁了政府调控经济的能力。在拉美国家从内部摧毁自身调节经济能力的同时，国际垄断资本和组织却加强了操控拉美地区经济的能力。内部失去了稳定经济的物质基础，外部出现了经济波动的推手，拉美地区经济震荡在劫难逃。在 1994 年至 2001 年 8 年间，拉美地区经历了三次大的经济波动。第一次是由 1994 年底墨西哥比索贬值引发金融危机，导致拉美地区经济普遍滑坡。1995 年，拉美地区经济增长率由 1994 年的 5.2% 降至 1.1%（墨西哥更是出现了 6.1% 的负增长），人均 GDP 由上年的 3.4% 降为 –0.6%。第二次经济波动发生在 1998 年至 1999 年，由于亚洲和俄罗斯的金融危机的冲击导致巴西金融波动，拉美国家资本外逃，股市暴跌，经济出现恶化。这两年，拉美国家经济连续下滑，1999 年经济增长率仅为 0.4%（其中 9 个国家为负增长），人均 GDP 增长为 –1.1%。第三次经济波动发生在 2001 年，拉美国家的经济增长率由 2000 年的 4.1% 降为 0.5%，人均 GDP 增长率由上年的 2.5% 降为 –1%。拉美国家的经济就是在经济危机导致下降，经济危机解除经济上升，然后再次发生经济危机，经济再次下降的怪圈中循环。经济动荡频繁严重冲击了拉美地区的经济发展。

自拉美地区开始新自由主义的经济改革后，经济危机就成了拉美地区挥之不去的梦魇。1994 年墨西哥经济危机、1999 年巴西经济危机、2001 年阿根廷经济危机，拉美地区一国爆发的经济危机往往给邻国经济带来灾难，这些危机往往互为因果，互相影响，逐级放大，给拉美地区经济造成致命的打击。同时，经济危机造成了严重的社会危机、政治危机。这些危机给拉美国家的经济发展和社会稳定带来严重影响，致使拉美地区社会问题突出，社会动荡加剧。

第四，各类社会问题突出，社会动荡，政权更迭频繁。拉美地区因新自由主义经济改革引发了许多社会问题。由于贫困、失业导致拉美人民陷于饥荒之中，少数走投无路的人开始铤而走险，犯罪活动猖獗。抢劫、偷盗、卖淫、凶杀案件飙升。美洲开发银行 2000 年公布的材料表明，拉美国家 20 世纪 90 年代犯罪率显著上升。在各类犯罪活动中，侵犯财产案居多。据哥伦比亚、萨尔瓦多和秘鲁等国的官方数据显示，高收入和富人阶层往往是财产犯罪的主要对象。为了生计，不少年轻的拉美女子不得不以出卖肉体为生。拉美国家的国有企业私有化政策为腐败滋生提供了温床。在国有资产出卖给私人的过程中，行贿、受贿、鲸吞国有资产等腐败现象无法遏制。在私有化的每一个环节中几乎都有腐败的影子，在私有化的每一个过程中，都有大大小小的官员参与腐败。在巴西，科洛尔因腐败而遭审判；在委内瑞拉佩雷斯因腐败而下台。严重的腐败导致社会财富向少数人手中集中，在贫困人口中种下了仇恨的种子。正是这些严重的社会问题导致了拉美国家的社会动荡和政权更迭。

2001 年 12 月，阿根廷经济、政治、社会危机全面爆发。经济形势急剧恶化、货币贬值、银行瘫痪、股市暴跌、外贸陷于停顿，国民经济几乎瘫痪。经济困境导致社会动荡不已，骚乱迭出。在首都布宜诺斯艾利斯和其他大中城市，无数失业的工人、家庭妇女、无业游民、生活无着的市民和无法就业的学生涌上街头游行抗议，他们冲向政府机关、商店、银行，抢劫物品，放火焚烧汽车、店铺。全国秩序一片混乱，在持续的骚乱中，有数十人死亡，数百人受伤。在政局失控的局面下，时任总统的德拉鲁阿在动乱中被迫下台。之后，仅一个月内阿根廷就连续更换了 5 位总统，但社会动荡的局势并未得到根本控制。

第五，经济主权丧失，金融安全堪忧。拉美国家的私有化和金融自由化使拉美国家经济主权丧失，金融门户洞开。拉美国家大力推行私有化，使事关国民经济命脉的能源、通信、银行、矿产、交通等战略性行业为私人资本或国际垄断资本所控制。拉美国家失去了调控国民经济的物质基础。而那些战略性行业一旦被国际垄断资本所操控，反过来可以威胁拉美国家的经济运行。私有化使拉美国家把操纵自已经济命运的权柄拱手让给了国际垄断资本或本国私人资本。而外资一旦取得对拉美国家战略性行业的控制权，国际垄断资本就可以在经济运行中处于有利地位。拉美国家在私有化浪潮中失去了自己的经济主权。金融自由化改革，向外资开放金融市场，放松对外资的管制，导致拉美国家的金融安全失去了屏障。在金融自由化改革中，外资逐渐控制了拉美国家的金融市场。当拉美地区的金融系统基本沦于国际金融资本之手时，国际金融资本便可随意操纵拉美地区的证券、金融和外汇市场。国际金融资本的投机和炒作使拉美国家面临着严重的金融危机。1994 年的墨西哥金融危机、1999 年的巴西货币危机、2001 年的阿根廷债务危机都与这些国家的金融安全失去保障有关。

### （二）新自由主义对东欧国家的影响

波兰、南斯拉夫、保加利亚、罗马尼亚等东欧国家在 20 世纪 90 年代也进行了如同俄罗斯的“休克疗法”改革。经受新自由主义思潮的影响，实行“休克疗法”

的一些东欧国家经过几年的改革后，其结果与初衷大相径庭，令人失望。主要表现为经济倒退、贫富严重分化、人民生活水平下降、社会动荡、政治危机频发。

在乌克兰，1992 年国内生产总值下降 9.9%，工业生产总值下降 6.4%，农业生产总值下降 8%，国民收入下降 18%。1993 年经济更加恶化，国内生产总值下降 14.2%，工业生产总值下降 8%。1994 年国内生产总值下降 23%，工农业生产总值分别下降 27.3% 和 16%。从 1995 年开始，经济下降速度有所放缓，但始终未能遏制下降趋势。在白俄罗斯，1992 年至 1995 年国内生产总值分别下降 9.8%、9.5%、13.6% 和 10%。保加利亚实行“休克疗法”后，国内生产总值下降 40% ~ 50%。在波兰，1990 年国内生产总值下降 11.6%，1991 年国内生产总值下降 7%，两年间国内生产总值共下降 20%，工业生产总值下降 40%，农业生产总值下降 4%。几乎所有经过“休克疗法”的东欧国家的经济都遭到重创。直到 1998 年，在经济转轨近 10 年之后，东欧 27 个国家和独联体国家共同体的国内生产总值还不及 1989 年的四分之三。

经济衰退必然导致失业率上升，居民实际收入降低，人民生活水平下降。1990 年，波兰的失业人口达到 110 万人，失业率为 6.1%；1991 年失业率达到 12.3%，失业人数达 226 万人。居民的生活水平大幅度下降，1990 年上半年，居民家庭生活费用比 1989 年上涨 10 多倍，居民实际收入下降 40% 左右，近 70% 的人生活在最低生活水平标准之下，25% 的人则处于贫困状态。从 1990 年到 1993 年，匈牙利失业率最高达 12.3%，失业人数达 50 多万，全国 70% 的家庭生活状况恶化，生活在贫困线以下的人口占总人口的三分之一。1991 年，保加利亚失业率为 12%，失业人数 43 万，1992 年失业率上升到 15.6%，1993 年失业率上升到 16.3%，1994 年上升至 20.55%，失业人口达 74 万人。失业人口剧增，职工工资下降的直接后果是人民生活水平迅速下降，无家可归流浪人口增多。据《纽约时报》报道：“成群结队的失业工人、乞丐在街头游逛，老人在垃圾箱里翻掏破烂和发霉的面包。”“越来越多的儿童不得不离开学校，他们的父母无法供养其鞋子、衣服，更谈不上课本和纸张了。老年人的境况同样糟糕。”

随着东欧国家经济状况的恶化，诸种社会问题此起彼伏。首先，私有化过程中贪污腐败盛行。东欧国家的私有化其实质不过是社会强势群体对国有资产的瓜分与掠夺。国内外资本家为了以最小的投入获得国有资产，千方百计向国有资产负责人、国家相关部门官员、国有资产评估机构行贿。国有资产负责人或大批官员甚至直接掠夺、瓜分国有资产。私有化进程中出现的贪污腐败，以及大量国有资产流失，导致人民愤怒与不满，游行示威活动增多，社会动荡加剧。其次，社会保障体系崩溃，人民生活无着。东欧国家原有的社会保障体系相对完善，医疗、教育、住房、养老均有保障。实行“休克疗法”后，政府大规模削减公共财政支出，社会保障体系瓦解，加之东欧各国连年经济形势恶化，人民实际收入急速下降，陷入贫困的人们无力支付食品、医疗、教育等费用，人民生活难以为继，特别是老人和儿童的生活质量更是直线下降。再次，社会治安恶化，犯罪率不断上升。东欧国家实行“休克疗法”的十年，失业人口剧增。在就业无门、生活无着的情况下，不少人开始参与偷盗、抢劫、绑架等犯罪活动。特别是大批失学和不能就业的青少年更容易陷入吸毒、贩毒、卖淫等犯罪活动中。在这一时期，东欧国家的黑社会势力活动猖獗，犯罪率直线飙升，社会治安急剧恶化。最后，人口问题突出。由于失业率上升，物价飞涨，生活质量严重下降，家庭消费日益困难，养育子女支出巨大。一般妇女和家庭不愿生育，离婚和堕胎日益增多，这就导致东欧国家的出生率逐年下降、医疗保障体系崩溃，东欧国家的人均寿命也呈逐年递减状态。以乌克兰为例，1989 年至 1995 年，男子平均寿命下降了 6 岁。除此之外，“休克疗法”还导致东欧国家教育科技衰退、文学艺术萎缩、军事实力下降、政坛更迭频繁等。新自由主义的“休克疗法”没有给东欧国家带来繁荣和幸福，相反把一个原本社会秩序井然、人民生活相对幸福的东欧“治疗”成一个社会问题丛生、人民生活困苦而几近“休克”的东欧。这个惨痛而深刻的教训值得每一个受新自由主义思潮影响的国家和人民永远记取。

### （三）新自由主义对俄罗斯的影响

苏联解体与新自由主义思潮有着千丝万缕的联系，但新自由主义思潮对经济社会的破坏作用体现在其继任者——俄罗斯身上。苏联解体后，以叶利钦为首的激进民主派开始在俄罗斯全面推行新自由主义经济改革。1992 年 1 月，俄罗斯政府推出所谓“三位一体”（自由化、私有化和稳定化）的“休克疗法”经济改革方案。“休克疗法”的理论基础是新自由主义学说，主要包括市场自由化、国有企业私有化、经济稳定化。

（1）市场自由化。1992 年 1 月，俄罗斯政府宣布自即日起全面快速地放开对商品、物价、汇率、外贸进出口等经济活动的管制，减少政府对经济运行调控的种类和力度。俄罗斯政府放开物价的目的是想通过市场机制来调节物价，以活跃经济。在放开价格控制的短短数月内，俄罗斯境内 90% 的消费品和 80% 的原材料价格就被全面放开。把企业全面推向市场，取消国家对企业生产经营活动的计划和指导，是市场自由化的重要步骤。“休克疗法”实施后俄罗斯经济主管部门全面放开对企业经营活动的管制，所有企业都按照市场经济的运行法则，自主经营，自负盈亏。俄罗斯彻底废除对进出口活动的垄断，任何企业均可根据自身需要完全自由地参与对外贸易。在汇率上，俄罗斯于 1992 年 7 月实行卢布与美元挂钩的自由浮动汇率。

（2）国有企业私有化。俄罗斯政府实行新自由主义的经济改革是从公有制经济开始的。政府大刀阔斧地或出售或转让国有经济，把国有企业一夜之间变为私人企业。信奉新自由主义的俄罗斯激进民主派人士认为，迅速而大规模地把国有经济私有化可以培育广泛的有产者和众多的企业家阶层。在很短的时间内，战略性国有企业如矿业、能源、通信、电力、交通等行业或被俄罗斯本土资本所收购，或被国际垄断资本收购，使 10 多万家国有企业转变为私人企业。这一改革彻底动摇了俄罗斯的经济基础。

（3）保持经济稳定，遏制通货膨胀。俄罗斯政府一方面全面放开商品价格，另一方面实行严格的紧缩性货币和财政政策，重中之重是稳定卢布，控制通货膨胀，减少政府预算赤字，将货币紧缩政策放在优先位置。这样做的目的是遏制通货膨胀，消除预算赤字，保持宏观经济稳定。为了实现这一目标，俄罗斯政府大幅度压缩公共财政支出，减少国防预算，压低军费支出、政府公务支出和管理费用，大力改革社会保障制度。与此同时，通过改革税制增加政府财政收入。在货币政策上，实行统一的贷款利率，企业过去享受的优惠政策和贷款补贴一律取消，提高存款利率，抑制消费需求，加速货币回笼。

但是，这一系列被俄罗斯激进民主派寄予厚望的“休克疗法”并没有给俄罗斯带来经济繁荣、国家富裕、人民幸福，相反给俄罗斯国家和人民带来巨大伤害和灾难。

第一，“休克疗法”将俄罗斯由世界一流强国降为二流国家。

在尚未全面进行新自由主义经济改革之前，俄罗斯是世界一流强国和超级大国，但经过 10 多年的新自由主义经济改革，俄罗斯雄风不在，与世界一流强国地位渐行渐远。

新自由主义的“休克疗法”导致俄罗斯经济实力急剧下降，国内生产迅速衰退。1992 年至 1996 年，俄罗斯国民生产总值持续下降，1992 年下降 19%，1993 年下降 12%，1994 年下降 15%，1995 年至 1996 年下降速度有所放缓，分别为 4% 和 6%。5 年间，工业总产值分别下降 18%、14%、21%、3%、5%；农业总产值分别下降 9%、4%、9%、8%、7%。短短 5 年时间，俄罗斯国民生产总值下降一半左右。2001 年，俄罗斯国民生产总值约为 3 000 亿美元，为 1991 年的十分之一。1989 年，俄罗斯的国民生产总值是中国的 2 倍多，10 年后仅为中国的三分之一。据国际权威机构统计，俄罗斯的经济实力已由实行新自由主义改革前的世界第 5 位、欧洲第 3 位，降到 20 世纪 90 年代末的世界第 10 位、欧洲第 6 位，其竞争力排在世界第 46 位。

新自由主义的“休克疗法”导致俄罗斯军事实力骤降。由于俄罗斯政府大幅度减少军费，使俄罗斯军队在装备更新和军事训练上捉襟见肘，1994年军队的实际需要是83.9万亿卢布，而国防部实际只拨付了25.4万亿卢布，只有所需数额的30%。1995年拨给军队的款项是所需数额的39%。1992年至1996年，俄罗斯军费减少了45%。1994年9月，俄罗斯战略导弹部队中央指挥所因拖欠电费而被断电。20世纪80年代中期，俄罗斯每年购进450架新型战机，1993年至1994年只购买了23架，而1996年连一架新战机都没有采购。空军飞行员每年的飞行训练由平均200小时减少到不足100小时，有的甚至只能飞行30小时。海军部队也面临同样的境遇，核潜艇、航空母舰等要么卖掉要么被拖到别国拆卸。军费不足严重影响了俄罗斯军人的军事素质的提升。军人生活困难，难以安心服役。军费大幅度减少，导致军工行业人才待遇降低，许多优秀的军工技术人才流失到国外或其他行业，军工科研能力和水平停滞不前，军工企业濒临停产和破产。总之，经济和军事实力的下滑影响了俄罗斯在国际事务中的影响力。

正是“休克疗法”使俄罗斯这个昔日的一流强国逐渐沦落为二流国家。正如1999年时任俄罗斯总统的普京所言：“俄罗斯正处于其数百年来最困难的一个历史时期。大概这是俄罗斯近200～300年来首次真正面临沦为世界二流，抑或三流国家的危险。”可见，“休克疗法”没有医治好俄罗斯本无大碍的强壮躯体，相反把俄罗斯送上了几近“休克”的不归之途。

第二，私有化使俄罗斯社会贫富分化加剧。

俄罗斯经济转轨中的私有化使几代俄罗斯人创造的财富在几年内被少数权贵以一种“合法”的形式非法掠夺一空。私有化没有给广大俄罗斯人民带来任何好处，相反让一小部分当权者或黑社会势力从中暴富。连“休克疗法”的推行者盖达尔都直言不讳地承认，俄罗斯的私有化实际上是“权贵阶层对国家财产的私有化”，是为“权力转化为资本”履行了手续。

俄罗斯权贵通过多种方法鲸吞国有资产，其中最为严重的是将国有企业、战略性资源和矿产贱卖或无偿出售。俄罗斯国家杜马私有化结果分析委员会委员弗·利西奇金指出，有关俄罗斯私有化的全部资料证明，俄罗斯的私有化存在着掠夺俄罗斯、把俄罗斯人民变成国际金融寡头掠夺对象的犯罪事实，俄罗斯已经出售的12.5万家国有企业，平均售价仅为1 300美元。其中500家大型国有企业实际价值超过1万亿美元，却只卖了72亿美元。许多大型国有企业的售价仅相当于欧洲一个中型面包作坊的价格。职工人数达34 000人的乌拉尔机械制造厂仅卖了372万美元，车里亚宾斯克拖拉机厂有职工54 000人，仅卖了220万美元。正是通过这种近乎掠夺式的国有资产私有化，俄罗斯迅速产生了一批暴发户。

在俄罗斯推行“休克疗法”的十年中，贫富差距迅速拉大。一小部分有权势有背景的人借助私有化之机，大肆掠夺国有资产，摇身一变为富豪或超级富豪。绝大多数底层劳动人民因处于弱势地位而成为“休克疗法”的牺牲品而陷于贫困。1991 年，俄罗斯 10%的最高收入者与 10% 的最低收入者收入之比约为 4.5 ：1，1992 年约为 8 ：1，1993 年约为 11 ：1，1994 年变为 13.5 ：1。1996 年，四分之一的俄罗斯居民生活处于贫困线以下，其中 11% 的居民年收入低于 21.9 万卢布，而 8% 的富人日收入超过 190 万卢布。“休克疗法”把绝大多数俄罗斯人推入了贫困的深渊，居民实际收入骤减 50%。从 1991 年开始，俄罗斯贫困人口骤增。1992 年贫困人口达 5 020 万人，占俄罗斯全部人口的 33.5%。由于金融危机的冲击，1998 年俄罗斯生活在贫困线以下的人数高达总人口的 57%。俄罗斯科学院教授赫洛比耶夫通过调查发现，有 42.7% 的俄罗斯人的收入不足以购买食品等基本生活用品，有 17.1% 的俄罗斯人不仅买不起食物，还经常负债。也就是说，俄罗斯有近 60% 的人是穷人或赤贫者。与绝大多数俄罗斯贫困居民形成鲜明对比的是，占俄罗斯总人口 1% ~ 2% 的俄罗斯新贵垄断着国家的大部分财富，而这些财富都是通过私有化掠夺俄罗斯人民所得，少数富人的财富正是建立在俄罗斯人民的普遍贫困之上的。人民的财富向少数人手中转移的过程也就是新自由主义的“休克疗法”造成俄罗斯贫富极度分化的过程。

第三，“休克疗法”致使俄罗斯多种社会问题并发。

“休克疗法”不仅没有医治好俄罗斯国家肌体上的“病变”，反而致使俄罗斯诸种社会问题频发。俄罗斯 10 年的经济转轨使整个国家陷入了前所未有的社会危机之中。一是腐败现象剧增。在私有化的过程中，一方面存在着政府官员和企业高层官员私分、盗卖国有资产的腐败行为，另一方面存在着私人资本为了在私有化过程中获得更大利益而大肆贿赂政府官员和管理者的腐败行为。因此，由国企私有化导致的官员腐败现象非常普遍。二是俄罗斯出现严重的人口危机。由于大多数普通百姓生活贫困，社会保障体系在私有化过程中又遭到破坏，大多数家庭负担不起生养孩子的费用，于是不生孩子或少生孩子成了相当一部分家庭的选择。从 1992 年起，俄罗斯人口连续 8 年负增长。1992 年至 2000 年，俄罗斯人口减少了 350 万人。同时，由于孕妇生活贫困，营养和医疗条件欠佳，新生儿个体素质下降，新生儿平均体重下降，60% 的新生儿患有各种疾病，部分婴幼儿由于营养和卫生条件较差，生长发育面临许多问题。人口自然增长率和人口素质的下降使俄罗斯面临着严重的人口危机。三是科学研究水平停滞不前，科技人才大量流失。1992 年至 1995 年，俄罗斯的科研经费削减了 30% ~ 50%。科研在国家预算中的拨款只占国内生产总值的 0.5% 左右。根据俄罗斯国家统计委员会提供的数据，俄罗斯只有 17% 的科学家和学者的薪水高于官方规定的维持生存所需的最低标准，而科学家的平均工资在俄罗斯 11 种主要职业中位居倒数第二。科研经费大量减少和科技人员待遇的降低必然导致科技项目减少和科技人员流失，科技人员要么移居国外，要么放弃科技工作而改行，俄罗斯的科学研究事业几乎处于休克状态。四是犯罪率急剧上升。大量失业人口和贫困人口的存在导致犯罪率飙升。20 世纪 90 年代中期，俄罗斯失业人口高达 530 万人。街上穷人和流浪汉随处可见，在生活走投无路的情况下，自然会有人参与犯罪活动或加入犯罪团伙。尼·雷日科夫曾说："在 1994 年内共发生了 260 万起犯罪事件。"除了以上问题外，还有民族矛盾增多、分裂势力猖獗、恐怖活动频繁、安全事故频发等。

## 四、当代中国新自由主义的实质和危害

中国政府对新自由主义一直保持清醒头脑，既借鉴其有益成分，又抵制其错误观点，坚定不移走中国特色社会主义道路。尽管国内外一些新自由主义的信徒不断鼓吹宣传，在一些领域或多或少受到了新自由主义的影响和冲击，但因中国政府的警醒，新自由主义一直未能成为中国改革开放的主导理论，从而使中国避免了拉美国家、东欧国家所犯的的重大错误，保持了经济社会持续健康稳定发展。

新自由主义是披着经济理论的外衣进入中国的，开始人们以为这种思潮只是崇尚市场经济、主张自由放任的市场经济理论，对我国经济改革的市场化方向具有一定的积极意义。但是，随着这种思潮逐渐向政治、思想等意识形态领域蔓延，其否定社会主义、否定中国共产党、否定马克思主义的图谋也愈加明显。实际上，新自由主义是包括经济、政治、思想在内的庞大思想体系，不仅局限于经济领域。

在经济思想上，新自由主义论者极力贬低乃至否定马克思主义经济学，推崇西方经济学，尤其信奉市场万能，推崇自由放任，反对公有制，主张私有化。他们美化资本主义制度，丑化社会主义制度，认为中国目前出现的所有问题，都源于社会主义公有制。他们主张国有企业私有化，彻底改变所有制结构，主张公有制因素越少越好，不加区别地推行国退民进。他们主张建立市场经济体制，但必须以私有制为基础和导向。在资源配置上，主张完全交给市场这只"看不见的手"，反对任何条件、任何形式的政府干预。新自由主义论者的目的就是改变中国以公有制为主体的经济制度，在中国彻底实行资本主义，把中国彻底纳入西方的经济体系，成为其附庸。新自由主义思潮也曾一度误导中国的改革开放，主要表现在国有企业改革上。在社会主义市场经济背景下，国有企业同样是市场竞争主体，但改革的方向是建立现代企业制度，完善内部治理结构，而不是走私有化道路，一卖了之。但是，在一些信

奉新自由主义理论的经济学家支持下，部分国企改革走上了“非国有化”之路。“非国有化”实则是将产权归全体国民所有的企业转变为归部分社会成员或单个社会成员所有的企业，是彻底私有化。这种国有企业私有化被不少地方奉为圭臬，结果不少国企甚至是基础雄厚、有相当竞争力和发展前景的国企被私人资本、跨国资本掠夺，造成国有资产大量流失，一些信奉新自由主义的经济学家居然还不断撰文论证其合理性。

在政治思想上，中国的新自由主义者反对四项基本原则，攻击社会主义制度没有民主、没有人权、没有自由，甚至还把中国的社会主义与希特勒的法西斯主义相提并论，把中国共产党的领导贬斥为极权体制。在他们看来，资本主义是人类历史上最合理的制度，中国只有实行资本主义制度，人民才能过上幸福生活，而社会主义是万恶之源。他们认为，彻底改变中国的社会主义制度必须瓦解中国共产党的领导，于是就在中国共产党执政合法性上大做文章。他们利用中国共产党在革命、建设、改革中不可避免的失误，大肆诋毁诬蔑，歪曲抹黑，将失误无限放大，将成就只字不提，极力丑化中国共产党的形象，目的就是将中国共产党执政的合法性一笔勾销，为推翻中国共产党的领导制造舆论。

他们主张中国的政治体制应与西方世界接轨，实行立法、司法、行政权力制衡，推行多党轮流执政，实行宪政民主。对于这种主张，复旦大学张维为教授指出，评价一个政治制度的优劣可以有三条标准：一是看这个国家有没有一个能够代表人民整体利益的政党。如果有的话，这个国家在全世界就有较大的竞争力，胜出的可能就大；如果没有，走向衰落的可能性就大。坦率地说中国是有的，就是中国共产党，美国这样的国家是没有的。二是看一个国家有没有强大执着的改革能力。中国需要改革，美国需要改革，欧洲国家也需要改革。但现在看来，似乎只有中国能够真正地、持续地推动改革，为什么？因为改革先要打破既得利益，而打破既得利益需要有能够超越既得利益集团代表人民整体利益的政党来推动，否则改革很难进行。这一点只有中国能做到，因为中国共产党是最广大人民根本利益的代表。三是看一个国家的决策力和执行力。中国共产党通过协商民主和民主集中制的方法进行决策，因此其决策力、决策质量明显高于西方国家的小政治圈子决策、利益集团决策和民粹主义决策的模式。而中国共产党的决策执行力应该说是世界一流的。习近平指出：“办好中国的事情，关键在党。中国特色社会主义最本质的特征是中国共产党领导，中国特色社会主义制度的最大优势是中国共产党领导。坚持和完善党的领导，是党和国家的根本所在、命脉所在，是全国各族人民的利益所在、幸福所在。”我们要深刻领会这段讲话，坚决反对新自由主义的错误思想，坚定不移地在中国共产党领导下走好自己的路，做好自己的事。

在思想文化领域，中国的新自由主义者鼓吹意识形态多元化，主张一切思想意识都是平等的，都有存在和发展的权利，否定马克思主义在意识形态的指导地位。实际上，以什么主义、以什么思想作为一个政党、一个国家的指导思想不仅是区别真理和谬误的问题，也不仅是认识上的谁是谁非之争，更重要的是利益之争、地位之争。从形式上看，思想多元化论者好像是反对某一思想处于指导地位，主张各种思想是平等的，都可以充当指导思想，实质上还是企图否定马克思主义在意识形态领域的指导地位，用西方资产阶级思想取而代之。这是新自由主义者鼓吹意识形态多元论的政治实质。

## 五、新自由主义主要观点辨析

第一，关于“看得见的手”与“看不见的手”。“看得见的手”指政府，“看不见的手”指市场。新自由主义崇尚“看不见的手”在经济发展中的绝对作用，否定“看得见的手”即政府的作用。从中国改革开放的成就看，新自由主义这个观点是站不住脚的。

中共十一届三中全会以来，中国由以阶级斗争为纲转向以经济建设为中心，实行对内改革、对外开放战略，把全党工作重心转移到社会主义现代化建设上来。于是，开启了从农村到城市、从农业到工业、从经济再到其他领域的改革，中国社会迸发出空前的活力。1992 年，邓小平南行就中国的改革发展等重大问题发表讲话，解决了人们在姓社姓资问题上的犹豫、纠结和争论，澄清了市场、计划上的错误、糊涂认识。根据邓小平的讲话，中国共产党第十四次代表大会做出了建立社会主义市场经济体制的重大决定，从此将市场经济纳入中国特色社会主义经济制度。中共十八届三中全会在总结社会主义市场经济经验基础上，进一步做出了让市场在资源配置中发挥决定性作用，更好地发挥政府作用的决定，肯定了市场经济在中国特色社会主义经济制度中的重要作用。在如何对待市场问题上，中国政府实行的这一系列渐进式改革的目的是更好地发挥“两只手”的作用，即市场这只“看不见的手”和政府这只“看得见的手”。两只手各有优势，但也各有局限，必须把两只手结合起来，实现优势互补。适合市场化的领域就交给“看不见的手”去做；“看不见的手”做不了或做不好的领域就交给政府这只“看得见的手”去做。改革开放以来，中国一方面发挥市场在资源配置中的决定作用，另一方面发挥好政府在宏观调控、基础设施建设、公共产品供给、市场监管调节等方面作用，既极大地解放了生产力，释放了市场活力，激发了社会活力，又有效解决了市场失灵等问题。因此，中国的改革开放创造了世界奇迹，市场机制发挥了重要作用，但又不能完全归功于市场机制。

政府的调控、监管和提供公共产品也是不可或缺的，是有为政府和有效市场相互作用的结果，这是中国改革开放取得成功的根本经验，也是中国特色社会主义的重要特征之一。

在市场经济这个问题上，国内一些崇奉西方新自由主义的人与国外市场原教旨主义者尤其是西方一些欲在中国彻底推行私有化的人遥相呼应，肆意歪曲中国的市场化改革，把社会主义市场经济解读为新自由主义的排除任何政府干预的市场万能和自由放任，试图将中国的社会主义市场经济引向新自由主义的全面市场化邪路，为西方跨国垄断资本全面进入中国，进而主导控制中国经济使中国成为其附庸鸣锣开道、大造舆论。欧美及中国国内的一些新自由主义者极力否定中国这条成功经验，反对中国的国有经济，反对政府干预，其目的很明确，就是摧毁中国在金融、贸易、汇率、利率、投资、资本等方面的自主权，将中国经济完全控制在跨国垄断资本之下，用心极其险恶。

第二，关于公有制和私有化。新自由主义主张全面私有化，反对公有制，认为公有制是一条通往奴役之路，不仅无效，还易产生腐败，遏制个人自由。中国的发展事实也完全证明新自由主义这个观点是片面的，因为中国的所有制结构既不是清一色的公有制，又不是清一色的非公经济，而是以公有制为主体，多种所有制经济共同发展的所有制结构。这种所有制结构适应了社会主义初级阶段的生产力发展水平，极大地解放了生产力，充分地释放了社会活力，激发了人们创业致富的积极性和创造性。中共十一届三中全会以来，在坚持公有制为主体的前提下，不断放开一些领域，允许民营企业（非公有制经济）进入实行自主经营。这些民营经济在搞活市场、满足需求、增加就业、促进增长方面发挥了重要作用。改革开放以来，我国民营经济从小到大、由弱到强，不断发展壮大。据统计，截至 2017 年底，我国民营企业 2 700 多万家，个体工商户 6 500 多万户，注册资本 165 万多亿元。总的来说，非公有制经济即民营经济的特征可以用“五六七八九”来概括：贡献税收 50% 以上、国内生产总值占 60% 以上、技术创新成果占 70% 以上、城镇劳动就业占 80%以上、企业数量占 90% 以上。世界 500 强企业中，我国民营企业由 2010 年的 1 家增加到 2018 年的 28 家。我国民营经济已经成为推动我国发展不可或缺的力量。党中央一直坚持两个“毫不动摇”：毫不动摇地巩固和发展公有制经济，毫不动摇地鼓励、支持和引导非公有制经济发展。新自由主义论者对我国所有制结构的优越性和取得的巨大成就视而不见，认为国有经济效率低，容易产生腐败，应该全面实行私有化。对于这种言论我们必须提高警惕，予以坚决回击。全面私有化殷鉴不远，苏联的“500 天改革计划”就是惨痛的教训。如果实行全面私有化，必将抽掉中国特色社会主义经济制度的基础内涵，摧毁最广大人民利益的制度基石，瓦解中国共产党执政的经济基础，这是中国人民所不能接受的。

以公有制为主体、多种所有制经济共同发展的基本经济制度既是中国特色社会主义制度的鲜明特征，又是优势。在涉及国家安全、国家经济命脉、人民生活的关键领域，必须实行国有化。国有化的优点如下：一是有利于推动经济增长。国家直接投资可以为国民经济发展创造一个良好的基础设施条件，比如，通信、交通、电力、石油、卫生、教育等基础设施，只有国家才有能力建设和经营，才能履行一定程度的公益职能。二是能保障国民经济稳定运行。国有经济因其性质可以作为政府稳定经济秩序的调节器，对克服经济波动、稳定物价、稳定就业有着不可替代的积极作用。三是有利于社会财富分配的平等化，维护社会公平正义。四是有利于控制私人垄断，防止私人垄断侵害人民利益。

新自由主义论者否定国有企业，反对国有企业党建，主张全面私有化，甚至武断地认为公有制只能走上奴役之路。事实上，怎样才能既充分发挥政府的作用又避免走上哈耶克所谓的“通往奴役之路”，这个问题非常值得研究。我们认为，中国共产党把加强国有企业党建作为永恒的主题，时刻关心群众利益，一切以人民利益为出发点和落脚点，把百姓冷暖放在心上，挂在嘴上，落实在行动上，就能够防止代表特定利益集团的独裁政权的形成。加强国有企业党建绝不是形式，而是具有切实的引领作用的，是中国共产党长期执政的生命线。新自由主义论者否定国有企业党建，只相信利益驱动和权力制衡，这既没有历史依据，又没有现实依据。

我们还要向新自由主义论者强调，社会主义市场经济有两个特点，即社会主义和市场。这就是说明中国经济的效率有两个源泉，一个来自政府，一个来自市场。一方面，在40年的发展中，中国经济极其出色。改革开放之初，中国经济与世界上许多国家的经济基本处于同一水平，有不少发展中国家甚至还明显好于中国，如印度等国家。但是，经过40年的发展，这些国家与现在的中国相比，都毫无例外地落后了许多：经济增长缓慢，贫富差距拉大，百姓生活贫困，政局动荡不稳，社会秩序混乱。中国经济却持续40年高速增长，创造了人类经济史上的奇迹，奇迹的发生离不开市场所发挥的作用，但不能完全用市场经济来解释，因为包括印度在内的许多发展中国家实行的就是资本主义市场经济。严格说来，中国属于转型经济，是从改革开放前的计划经济转向社会主义市场经济的，直到现在，中国的市场经济仍不能说特别完善。但是，这又从另外一个角度给了我们启示：一个市场经济不完善的经济体取得了迄今为止人类历史上不曾有过的经济奇迹，足以说明在发展中国家实行完全的市场经济并不是经济快速发展的灵丹妙药，政府与市场、公有制与非公有制的完美结合才是中国经济快速发展的关键。

## 六、抵御新自由主义危害的对策

新自由主义既是西方资本主义国家的主流经济理论，又是其意识形态的核心思想，只要资本主义制度存在，新自由主义就不会沉寂。在中国不断深化改革、扩大开放的背景下，在与西方资本主义国家的经济合作不断深化的条件下，新自由主义时刻会影响我国的经济发展。因此，我们一要加强对新自由主义的研究，批判地吸收其合理成分，为我所用；二要坚持和发展中国特色社会主义，推进治理体系和治理能力现代化。

第一，坚持以马克思主义为指导，加强对新自由主义的研究。用马克思主义的立场观点对新自由主义进行研究，借鉴其对社会主义市场经济有益的成分，剔除其对中国特色社会主义有害的思想，将其置于马克思主义指导的框架之内。新自由主义既是一种学术理论，又是一种意识形态。作为一种学术理论，要研究其发展脉络、历史贡献、思想局限以及在发展过程中的各个流派，吸收其有益思想用以丰富、完善和发展社会主义市场经济理论，推动中国特色社会主义的自我完善。作为一种意识形态，要深入揭示其思想基础是个人主义，逻辑起点是个人利益至上。总之，作为一种意识形态的新自由主义与社会主义是格格不入的。我们要把作为一种学术思想的新自由主义与作为一种意识形态的新自由主义区分开来。对作为意识形态的新自由主义，一定要从政治高度和意识形态高度认识其反动本质。西方国家推销新自由主义绝不是为发展中国家谋发展、谋福祉，而是为了实现国际垄断资产阶级的利益，是为其资本扩张进而获得超额利润服务的。除了研究东欧国家、拉美国家、亚洲国家以及俄罗斯是怎样在推行新自由主义后经济走向衰败的，还要研究新自由主义给西方国家内部带来的危害，总之，借鉴其合理成分，批判其错误思想，不断发展马克思主义和巩固马克思主义在意识形态的指导地位。

第二，坚持和发展中国特色社会主义，抵制新自由主义的侵害。新自由主义虽然主要是一种资本主义的主流经济理论，但是这种经济理论与资产阶级的政治理论不能截然分开。经济上主张私有化，政治上必然反对社会主义制度和中国共产党的领导；经济上崇尚自由放任，思想上必然反对马克思主义、毛泽东思想，主张意识形态多元化。因此，抵御新自由主义的危害必须坚持以下两点：一是必须坚持中国共产党的领导。中国共产党的领导是中国特色社会主义的本质特征和最大优势，是推进中国特色社会主义自我完善和实现中华民族伟大复兴的政治保障。越是社会主义市场经济条件下，越是不断扩大对外开放条件下，越要坚持党的领导。改革开放以来，我国一方面充分发挥市场在资源配置中的决定性作用，持续推进市场化改革，另一方面避免了拉美等国家因推行新自由主义所导致的灾难，成功应对了各种全球性危机，这当中起到中流砥柱作用的是中国共产党的坚强领导。在中国共产党的领导下，建立和完善社会主义市场经济是有方向的，有底线的，有原则的，哪些领域推向市场，哪些领域坚持国有，必须以是否符合最广大人民根本利益为标准，必须以是否能保证国家经济主权安全为价值追求，必须以是否能巩固中国共产党的执政地位和巩固社会主义制度为最高准则，必须以是否能为实现中华民族伟大复兴提供物质支撑为原则。二是必须坚持走中国特色社会主义道路。中国特色社会主义道路从 1982 年党的十二大正式提出至今经过的 7 次，都把中国特色社会主义作为指导思想写进政治报告，所不同的是，每次党的代表大会都对中国特色社会主义理论体系有所完善、发展和创新，既一脉相承，又与时俱进。党的十九大在总结改革开放以来特别是党的十八大以来的伟大成就基础上，根据新的历史方位，将习近平新时代中国特色社会主义思想写进党章，成为新时代党的指导思想，实现了中国特色社会主义理论的又一次飞跃。中国特色社会主义理论不是天上掉下来的，也不是西方市场经济模式的简单复制，而是中国共产党人把马克思主义的基本原理与中国改革开放实际相结合的产物。改革开放的伟大实践为中国特色社会主义理论的形成和发展提供了丰厚的土壤，而中国特色社会主义理论又指导着改革开放的伟大实践。中国特色社会主义理论才是中国人民自己的理论，是让中华民族由富起来走向强起来的理论，是深深扎根于中国大地的理论，是经过历史检验成功的理论。在新时代，我们只有坚持和发展中国特色社会主义，才能抵御新自由主义的侵害，同时吸收其有益成分。证明一种理论正确与否，唯一的标准就是实践，新自由主义也不例外。中国的伟大实践已经并将继续证明指导中华民族伟大复兴事业的正确理论是中国特色社会主义而不是新自由主义。

# 第四章 历史虚无主义思潮

习近平指出："历史就是历史，历史不能任意选择，一个民族的历史是一个民族安身立命的基础。不论发生过什么波折和曲折，不论出现过什么苦难和困难，中华民族5 000多年的文明史，中国人民近代以来170多年的斗争史，中国共产党90多年的奋斗史，中华人民共和国60多年的发展史，都是人民书写的历史。历史总是向前发展的，我们总结和吸取历史教训，目的是以史为鉴、更好前进。"（2013年12月26日，习近平在纪念毛泽东诞辰120周年座谈会上的讲话）

改革开放以来，一些人以反思历史为名，从反思"文化大革命"错误，到否定社会主义道路；从反思毛泽东晚年错误，到否定毛泽东的历史功绩和毛泽东思想；从反思中国共产党在领导社会主义建设中的失误，到彻底否定中国共产党。于是形成了一股否定中国革命史、中共党史、新中国历史，诋毁和诬蔑革命领袖及英雄人物的思潮，这就是历史虚无主义思潮。这股思潮对坚持马克思主义指导地位、坚持中国共产党的领导、坚持中国特色社会主义制度危害极大，必须运用马克思的历史唯物主义的立场、观点和方法深入剖析之，正本清源，还历史本来面目，清除历史虚无主义的恶劣影响。

## 一、历史虚无主义产生和泛滥的根源

历史虚无主义一般形成于社会转型时期。在中国，历史虚无主义思潮第一次出现于20世纪初。面对中华民族内忧外患及亡国灭种的危局，一些人极度失望，认为中国技不如人，制度不如人，文化也不如人，彻底否定中华文化，竭力主张全面向西方学习，走西方的道路。历史虚无主义思潮第二次出现在中国改革开放以后。国门打开后，中国与欧美发达国家的巨大差距让一些人对社会主义制度、对中国共产党的领导甚至对中国革命产生怀疑，于是，从反思"文革"和中华人民共和国成立以来的社会主义建设发展到否定中国革命、中国共产党、中国社会主义制度的极端程度。

历史虚无主义的产生和泛滥有着复杂的社会原因和思想原因。从社会原因上看，历史虚无主义的产生有复杂的国际、国内原因。从国际来说，它与整个世界的政治斗争形势是分不开的，是世界范围内社会主义处于困难时期出现的现象，同时与国内一些人对西方各种错误思潮的呼应分不开。从国内来看，它与中国向何处发展、走什么道路、实行什么社会制度这一宏大主题有关，而且随着国内政治、经济、社会、文化的发展变化而变化，是中国改革开放过程中出现的一股逆流。尤其是在世纪之交，利益多元化、阶层多元化导致价值观多元化，历史虚无主义穿上学术外衣，借助互联网、微博、微信等现代信息手段广泛传播，流毒甚广。从思想原因上看，历史研究领域受到西方非理性、人性论、唯心论、后现代主义等思想的影响，加之史学学科多样化、书写主体大众化、研究对象碎片化、研究途径便捷化、研究效果娱乐化等倾向的推波助澜，使史学研究领域告别宏大叙事、放弃揭示规律和本质、热衷历史细节的倾向盛行。更有少数人为了追求经济效益，以最大限度地吸引大众眼球为目的，只着眼于历史内容的新奇和娱乐效果，而完全不顾历史研究的严谨性和科学性。这种对待历史的娱乐游戏态度使历史研究失去了求真目的和镜鉴功能，带来的自然不是历史理性的弘扬，而是虚无主义的谬种流传。

从国际政治背景看，冷战结束后，随着东欧剧变和苏联解体，以美国为首的西方国家开始把中国作为主要对手，从经济上打压中国，从军事上围堵中国，从政治上分化中国，在思想上向中国年青一代渗透自由主义思想。他们千方百计地瓦解中国共产党执政的合法性，否定中国特色社会主义道路的历史必然性，否定马克思主义的科学性、真理性。可见，西方势力是历史虚无主义在中国泛滥的幕后推手。这是历史虚无主义产生的国际背景。

## 二、历史虚无主义的主要表现

（1）编造历史、曲解真相、主观臆测。一些人刻意歪曲抗日战争、解放战争、抗美援朝战争的历史，否定革命战争中涌现出的英雄人物，通过否定英雄达到否定革命战争的正义性和合理性的目的。1999 年，《审视中学语文教育：世纪末的尴尬》一书出版。这本书对语文课本中的爱国主义内容予以否定和贬损，称魏巍《谁是最可爱的人》的内容是谎言，认为联合国军是出师有名，根本不是什么侵略，等等。这是赤裸裸地编造历史，制造混乱！历史虚无主义论者无限夸大中国共产党的失误，不能全面、客观地看待主流与支流关系。用中国共产党在社会主义建设过程中的某些失误全盘否定社会主义建设时期取得的伟大成就，用改革开放的成就全盘否定改革开放前中国共产党对社会主义的艰辛探索和取得的举世瞩目的伟大成就。还有一些人不顾客观历史条件，喜欢用假设推演历史，用主观判断代替客观事实。把孙中山领导的辛亥革命，把五四运动后中国人逐渐选择中国共产党、选择马克思主义，都看成选择性错误。马克思指出，人们自己创造自己的历史，但不是随心所欲地创造，不是在自己选定的条件下创造，而是在直接碰到的既定的在过去继承下来的条件下创造。历史虚无主义者对待历史的态度完全是唯心主义的，是随心所欲的。

（2）否定、歪曲中国革命。历史虚无主义者公开宣扬“告别革命论”，认为革命是暴力行动，对社会、对文化、对传统具有巨大的破坏性，对社会的正常发展有害无益，不能单纯依靠革命推动历史进步。认为五四运动前后，马克思主义在中国的传播破坏了中国社会正常的发展进程。中国人向俄国人学习，通过暴力革命推翻旧社会，走社会主义道路，使中国偏离了人类文明主流大道。还有人认为，清王朝已经腐朽，这一点毫无疑问，但应该维护这一形式存在，不应采取革命的激进的方式，应该向英国、日本学习，政治上实行君主立宪制，以改良主义的温和方式促使清王朝由内而外、由上而下地实现由专制社会到现代社会的转型。一些学者公开否定中国共产党领导的新民主主义革命历史，认为新民主主义革命的历史由一系列错误构成，使中国近现代历史的发展误入歧途。对毛泽东的历史地位、历史作用、历史功绩，竭力否定，竭力贬损，极力矮化和丑化，将毛泽东在指导中国革命中的雄才大略说成是权谋。这些历史虚无主义观点，很明显不是站在历史唯物主义立场上、不是遵循人类历史发展的客观规律，不是从中国历史实际状况出发分析判断中国的发展趋势，而是用主观臆断代替客观分析，以个别细节代替整体历史事实，不能全面地、联系地、发展地看待中国问题和中国共产党领导的中国革命问题。

（3）美化反面人物。历史虚无主义者以“追求史学公正”为旗号，千方百计地为反动的、已被历史淘汰的历史人物翻案，错误地对一些重要历史人物作颠覆式的解读和评价。为那些逆历史潮流而动的汉奸、叛徒和反动势力树碑立传、歌功颂德、评功摆好，对一些早有定论的历史小丑、历史罪人、民族败类、人民公敌则重新放回历史舞台的中心。这样做的目的就是想混淆是非，认为中国革命的对象都是些“好人”，进而以此否定当年的革命战争，否定中国共产党建立中华人民共和国的合理性和历史必然性，否定中国共产党执政的合法性。还有人认为，军阀割据、战乱频仍、民不聊生、社会动荡的民国时期是中国历史上的黄金时期，而中国共产党搞土地革命是对这一黄金时期的破坏。历史虚无主义者用所谓人性的观点去解读历史，认为“坏蛋也有温柔宽厚的一面”，经过“人性化”的解读和演绎，把好人说得坏一点，把坏人说得好一点，从而把历史上的反动人物打扮成“历史的推动者”。按照这种逻辑，封建专制主义的政治代表慈禧、李鸿章、袁世凯等人被打扮成了中国现代化的先驱，说他们是在为中华民族探索出路，一切革命斗争则被说成是“百年的疯狂和幼稚”。迷恋封建君主专制主义、反对革命、篡夺民国大总统权力后马上复辟帝制的袁世凯被描写成了“走向共和”的元勋，其政治主张则被称为反映了当时历史发展的趋势。林则徐的爱国行动、太平天国运动、义和团运动统统是错误的。甚至有人认为，假如没有康有为和梁启超的变法维新以及后来孙中山领导的革命，中国早就实现现代化了。对于汪精卫的卖国行为，说什么“精卫是忍辱负重保护中国文明”，他的行为“是两害相权取其轻，即中国不亡于日本则亡于苏联，汪精卫虽然投降日本却未背叛汉文化”，如此明目张胆地为汪精卫的汉奸罪行辩解，让人无语！在一些人看来，刘文彩不是罪大恶极的恶霸，而是一个乐善好施的好人。还有人提出要“还原一个真实的蒋介石”，重写中国近现代史。通过这种所谓“人性论”的分析、解读和演绎，一部中国近现代历史被搞得面目全非。

（4）戏说革命、恶搞历史、亵渎领袖、丑化英雄。本来，一部革命史就是领袖、英雄人物和人民艰苦卓绝的奋斗史，而抽离了革命领袖和革命英雄，或将领袖和英雄人物污名化，中国革命史将不复存在。近年来，历史虚无主义者通过影视作品、网络作品及各类出版物对中国革命史中的英雄人物极尽丑化、矮化、污名化、妖魔化之能事，用错误思想颠覆人们的历史认知，在革命历史人物评价上制造混乱，颠倒黑白，混淆是非，以此达到彻底否定中国革命之目的。比如，“雷锋是因为帮人太多累死的”“黄继光是摔倒了才堵枪眼的”“董存瑞为什么牺牲？因为被炸药包上的两面胶粘住了”……从炒作雷锋的初恋女友到恶搞短片《闪闪的红星之潘冬子参赛记》《铁道游击队之青歌赛总动员》，许多人们熟知的历史英雄人物，千千万万青年崇敬的偶像一再被调侃丑化。还有人这样评价电影《白毛女》：杨白劳不值得人们同情，欠债还钱理所应当，拖欠黄世仁的钱不还，竟然跑到外面逃债，这本来就是违法行为。这属于用抽象的学理分析具体历史，离开具体的历史背景抽象地分析作品中人物，没有看到恶霸地主黄世仁对杨家父女的欺凌，丝毫不顾及历史的“上下文”。这样的文学评论令人啼笑皆非！英雄对任何一个民族都是宝贵财富，都是不容调侃、嘲讽、戏说和丑化的。在法国，圣女贞德永远是民族英雄，民众绝不容许对她调侃戏弄；在美国，马丁·路德·金是反种族歧视、争取民族平等的战士，美国公众也绝不会容忍对他的丑化亵渎。

（5）为帝国主义评功摆好。近代以来，由于帝国主义的侵略，中国逐渐沦为半殖民地半封建社会，中华大地四分五裂，战乱频仍，民不聊生，生灵涂炭，帝国主义成为压在中国人民身上的三座大山之一。无数志士仁人为了推翻这座大山，不懈奋斗，前仆后继，书写了一部气壮山河、可歌可泣的民族奋斗史。但是，历史虚无主义者居然认为帝国主义侵略有功，是帝国主义送来了西方现代文明，是帝国主义送来了先进的科学技术，是帝国主义推动了古老中国向现代转型。更有人认为帝国主义在中国的时间不是太长了，而是太短了。这种历史观不但不可思议，而且完全丧失了作为中国人的民族气节。毛泽东在《丢掉幻想，准备斗争》一文中指出："自从一八四〇年英国人侵略中国以来，接着就是英法联军进攻中国的战争，法国进攻中国的战争，日本进攻中国的战争，英国、法国、日本、沙皇俄国、德国、美国、意大利、奥地利等八国联军进攻中国的战争，日本和沙皇俄国在中国领土内进行的战争，一九三一年开始的日本进攻中国东北的战争，一九三七年开始继续了八年之久的日本进攻中国全境的战争，最后是最近三年来表面上是蒋介石实际上是美国进攻中国人民的战争……所有这一切侵略战争，加上政治上、经济上、文化上的侵略和压迫，造成了中国人对于帝国主义的仇恨，使中国人想一想，这究竟是怎么一回事，迫使中国人的革命精神发扬起来，从斗争中团结起来。斗争，失败，再斗争，再失败，再斗争，积一百零九年的经验，积几百次大小斗争的经验，军事的和政治的、经济的和文化的、流血的和不流血的经验，方才获得今天这样的基本上的成功。"历史虚无主义者为帝国主义的侵略评功摆好，将近代以来中华民族的抗争史全盘否定，其险恶用心昭然若揭。

## 三、历史虚无主义的错误方法

（1）违背实事求是的历史唯物主义原则。用马克思主义的历史唯物主义去研究历史，一个根本原则和方法就是从客观的史实出发，分析历史人物，评价历史事件，揭示历史真相，探索历史发展规律。但是，历史虚无主义分析评价历史往往不是从客观的史实出发，而是根据主观好恶，先入为主地评价历史，想当然地评价历史，用主观好恶去裁剪历史，甚至凭空编造历史，不惜用编造的历史去为他们的错误的历史观作注解。有人不是从客观的史实和特定的历史条件出发，而是从抽象的人性论出发，用人性论去解释中国革命历史中的重大决策、重大事件，进而把革命领袖人物之间的正常关系和正常矛盾曲解为个人之间的恩恩怨怨，把领袖人物坚持革命原则和策略曲解为耍弄权术。历史虚无主义完全不考虑历史客观条件和具体事实，而是采取反历史的方法。比如，有人批评共产党领导下的中华人民共和国"闭关锁国"。事实上，是当时以美国为首的帝国主义对中国在各方面尤其是经济和科技方面实行了严密的封锁。一方面，在经济上对中国实施禁运和封锁，让中国得不到"具有关键重要性的战略物资"；另一方面，在军事上实施包围，先是在中国周围构建了一个所谓的"新月形包围圈"，随后又出兵朝鲜，把战火烧到鸭绿江边。然而，事实让他们失望了。当时“连一辆汽车、一架飞机、一辆坦克、一辆拖拉机都不能造”的中国靠着自力更生、艰苦奋斗顶住了帝国主义经济、军事的全面封锁，不仅把美军打回三八线，还研制出“两弹”，让卫星上了天。历史虚无主义论者抛开欧美资本主义国家对当时的中国严密封锁的事实于不顾，一味批评中国“闭关锁国”，如果不是一种历史无知的话，那就是罔顾事实、别有用心的攻击。历史虚无主义这种罔顾历史事实的攻击完全是一种主观武断的政治涂鸦，从根本上完全违反了历史唯物主义实事求是的原则。

（2）违背全面、发展、联系的历史研究方法。全面客观研究历史是历史研究的基本方法。这个方法要求历史研究者全面掌握史实，在综合梳理分析的基础上提出观点或结论。而历史虚无主义者最常用手法是抓住一点不及其余，以个别代替普遍，以枝节代替主干。为了抬高曾国藩，就大捧特捧其“家书”，说他如何有人性，如何成为中国历史上立德立功立言“三不朽”人物，在中国历史上如何伟大；为了拔高慈禧太后，就讲她如何有政治才能，如何善于谋划，如何不容易。反过来，对于革命领袖、革命英雄则攻其一点不及其余，抓住一点所谓的小错误，刻意夸大，彻底否定。甚至不惜编造事实，移花接木，张冠李戴，大泼脏水，恶意中伤。总之，对领袖人物缺点无限放大，对功绩则是选择性失明。列宁曾经指出：“在社会现象方面，没有哪种方法比胡乱抽出一些个别事实和玩弄实例更普遍、更站不住脚的了。挑选任何例子是毫不费劲的，但这没有任何意义，或者有纯粹消极的意义，因为问题完全在于每一个别情况都有其具体的历史环境。如果从事实的整体上、从它们的联系中去掌握事实，那么，事实不仅是‘顽强的东西’，而且是绝对确凿的证据。如果不是从整体上、不是从联系中去掌握事实，如果事实是零碎的和随意挑出来的，那么，它们就只能是一种儿戏，或者连儿戏都不如。”（《列宁全集》第28卷第364页，人民出版社1990年版）的确，任何一个历史人物都有其多面性和丰富性，关键是我们要在他全部的历史活动中确定它的主要方面，而不是仅孤立地抽出一些实例来证明自己的观点，如果那样的话，任何实例都有可能被孤立地找出来，任何历史都可以被改写。

（3）违背阶级分析的方法。在阶级社会存在着阶级，有阶级必然有阶级斗争，这既是马克思主义关于人类社会发展的基本理论，又是阶级社会的基本事实。中华人民共和国成立之前事实上存在着阶级、阶级矛盾和阶级斗争，我们在分析当时的中国的历史特点、本质和规律时，就必须运用阶级分析方法，这是绕不开的，否则，就无法科学地认识当时的中国的社会结构、社会矛盾和社会本质，探索革命道路和中华民族前途命运也就不可能有一个科学的出发点。历史虚无主义者公开否定阶级分析方法，热衷于用人性论代替阶级论，以所谓的价值中立分析历史，于是就形成了五花八门的历史研究理论，形成了形形色色的历史解释。毛泽东在《〈农村调查〉序言和跋》一文中说："对于中国各个社会阶级的实际情况，没有真正具体的了解，真正好的领导是不会有的。要了解情况，唯一的方法是向社会作调查，调查社会各阶级的生动情况。对于担负指导工作的人来说，有计划地抓住几个城市、几个乡村，用马克思主义的基本观点，即阶级分析的方法，作几次周密的调查，乃是了解情况的最基本的方法。只有这样，才能使我们具有对中国社会问题的最基础的知识。要做这件事，第一是眼睛向下，不要只是昂首望天。没有眼睛向下的兴趣和决心，是一辈子也不会真正懂得中国的事情的。"毛泽东的这段话说明了阶级分析方法的重要意义。历史虚无主义者用人性论解释历史、分析历史人物，只能得出错误的历史评价和结论。

## 四、历史虚无主义的实质

历史虚无主义的泛滥对人们正确认识历史、科学评价历史人物、客观解读历史事件，造成了极大的思想混乱，混淆了视听，颠倒了是非，误导了民众，对历史共识的形成造成极大的负面影响，因此对历史虚无主义的危害必须予以深刻认识。

（1）解构主流意识形态，误导人们的历史观。中国共产党领导新民主主义革命，推翻了三座大山，获得了民族独立和人民解放，紧接着又领导各族人民经过艰辛探索取得了社会主义革命和建设的伟大胜利，为新时期改革开放奠定了制度基础和物质基础。中共十一届三中全会以后，中国共产党领导人民把工作重心转到经济建设上来，确立了一个中心两个基本点的基本路线，开启了改革开放波澜壮阔的伟大征程，创造了人类历史上的伟大奇迹。应该说，中国共产党领导革命、建设、改革取得的伟大成就，中国革命、建设、改革的历史合理性和必然性，中国革命历史、中国共产党历史、当代中国历史，就是当代中国主流意识形态的重要内容。历史虚无主义论者鼓吹的"告别革命论""侵略有功论"以及对五四运动的否定，其目的就是通过诋毁和否定中国革命历史、中国共产党历史、当代中国历史，通过丑化和诬蔑革命领袖以及英雄人物，从历史依据上抽掉在中国共产党的领导下中国人民走社会主义道路的历史必然性和合理性，最终达到否定中国共产党的领导，否定中国特色社会主义制度，否定马克思主义的指导地位的目的，从而动摇年轻一代对中国革命史、中国共产党历史、当代中国历史的思想认同，动摇年轻一代对革命领袖和英雄人物的认同、敬仰乃至崇拜，其险恶用心必须引起警惕。

"告别革命论""侵略有功论"违背了中国革命历史和中国共产党历史的史实，

也违背了中国自鸦片战争以来，一批批志士仁人、一代代中华儿女追求民族独立、人民幸福、国家富强的坚定意志。方志敏在《可爱的中国》中说："半殖民地的中国，处处都是吃亏受苦，有口无处诉。但是，朋友，我却因每一次受到的刺激，就更加坚定为中国民族解放奋斗的决心。我是常常这样想着，假使能使中国民族得到解放，那我又何惜于我这一条蚁命！"方志敏虽然身陷囹圄，脚带镣铐，但任何敌人都不能阻挡他追求崇高理想的自由。方志敏在《可爱的中国》中还说："不错，目前的中国，固然是江山破碎，国弊民穷，但谁能断言，中国没有一个光明的前途呢？不，决不会的，我们相信，中国一定有个可赞美的光明前途。中华民族在很早以前，就造起了一座万里长城和开凿了几千里的运河，这就证明中华民族伟大无比的创造力！中国在战斗之中一旦斩去了帝国主义的锁链，肃清自己阵线内的汉奸卖国贼，得到了自由与解放，这种创造力，将会无限地发挥出来。到那时，中国的面貌将会被我们改造一新。所有贫穷和灾荒，混乱和仇杀、饥饿和寒冷、疾病和瘟疫、迷信和愚昧，以及那慢性的杀灭中国民族的鸦片毒物，这些等等都是帝国主义带给我们可憎的赠品，将来也要随着帝国主义的赶走而离去中国了。朋友，我相信，到那时，到处都是活跃的创造，到处都是日新月异的进步，欢歌将代替了悲叹，笑脸将代替了哭脸，富裕将代替了贫穷，康健将代替了疾病，智慧将代替了愚昧，友爱将代替了仇恨，生之快乐将代替了死之忧伤，明媚的花园将代替了暗淡的荒地！这时，我们民族就可以无愧色等立在人类的面前，而生育我们的母亲也会最美丽地装饰起来，与世界上各位母亲平等地携手了。"这就是方志敏的中国梦，也是中华儿女共同的中国梦！倘若按照历史虚无主义论者"告别革命"，那么中华民族伟大复兴的中国梦就永远不可能实现！

（2）颠覆社会主义，实现西方敌对势力"不战而胜"的图谋。西方敌对势力从未放弃西化、分化、和平演变中国的企图，他们把从政治、经济、思想、文化上分化、西化乃至颠覆中国社会主义制度作为长期战略，锲而不舍。政治上，以美国为首的西方敌对势力不断拿人权、民族说事，目的就是千方百计地分化中国。经济上，推行新自由主义，一切听美国的，放弃经济自主权，充当美国的附庸，永远给美国人打工。思想上，利用一切机会、载体和手段渗透西方价值观，希望中国新生代忘记中国历史，忘记近代以来中华民族的革命奋斗史，忘记中国共产党为民族独立、人民解放建立的不巧功勋。让年青一代淡化理想信念，向往西方生活方式，信奉西方的价值观。第二次世界大战以后，美国历届重要政界要人都无一例外对全世界社会主义国家实行和平演变战略，不论是杜勒斯的"解放政策"，还是尼克松的"不战而胜"；也不论是里根的"遏制战略"，还是后来的"超越遏制"，尽管方式和路径略有区别，但在本质上是一致的，核心是搞乱年青一代的思想，进而实现搞垮社会主义的目的。尤其在苏联解体后，这个目标就指向了中国。

（3）动摇中国共产党执政的合法性，瓦解中国共产党执政的历史根基。西方敌对势力深知，搞垮中国的社会主义制度，先要搞垮中国共产党，而要搞垮中国共产党，动摇中国共产党执政的合法性是关键，动摇中国共产党执政的合法性必须从瓦解中国共产党执政的历史根基入手。中国共产党领导中国人民争取民族独立、人民幸福、国家富强的奋斗史和中国共产党使中华民族从站起来到富起来再到强起来的历史就是中国共产党执政的历史根基，这个根基足以证明中国共产党执政是人民的选择，历史的选择，其历史必然性、合理性、合法性无可辩驳。历史虚无主义论者否定中国革命历史，否定中国共产党史，丑化革命领袖和英雄人物，否定马克思主义的指导地位，目的就是动摇和否定中国共产党执政的合法性。但是，中国共产党的执政地位不是中国共产党自封的，任何人和任何敌对势力都是否定不了的。中国共产党是顺应历史和时代的呼唤而组建和发展起来的，不但有着最先进的阶级基础，而且是用最科学的理论——马克思主义作为指导的先进政党。中国共产党是中国工人阶级的先锋队，同时是中国人民和中华民族的先锋队。中国共产党由革命党发展为执政党，符合历史规律，顺应人民心愿。只有中国共产党成为执政党后，才真正开启了中华民族驶向现代化的历史航程。马克思主义认为，一个政党能否成为执政党，是不以这个政党的主观意志为转移的，而是需要经过一个历史的选择过程，需要经过一个人民的了解和认同过程。一个政党也好，一种社会力量也罢，能否在一个国家、一个民族的历史进程中具有崇高威望并发挥应有作用，说到底，还是要看它能否遵从历史规律，顺应时代潮流，破解这个民族所面临的最现实、最紧迫、最根本的问题。近代以来，一代代优秀的中华儿女，为了民族独立和振兴进行了前仆后继、英勇顽强的斗争。在救亡图存、振兴中华之路上，各种政治组织也都先后上场表演，有的甚至提出过明确的政治主张，从太平天国到义和团，从百日维新到辛亥革命，要么彻底失败，要么结果令人失望，都不能从根本上解决中国落后挨打的现状。从1840年鸦片战争到中国共产党成立，这期间无数志士仁人进行了艰苦的探索，但最终都未能找到解决中国问题的正确道路，成为匆匆过客。有的对中国社会不仅没起到积极作用，相反，还对中国社会起到了阻碍甚至破坏作用。历史最终选择了中国共产党。只有用马克思主义武装起来的中国共产党，才能为苦难深重的中华民族找到发展的正确道路。近代以来的历史也反复证明了这样一个道理：在中国仍处于半殖民地半封建社会的状况下，想通过走资本主义道路使中国独立富强，实现现代化，这条路是走不通的。历史已经充分证明，有了共产党，中国的面貌焕然一新。中国共产党成立后，团结和组织全国各族人民，取得了革命、建设、改革的伟大胜利，将来也必然能够带领全国各族人民实现中华民族伟大复兴。因此，在这个涉及中华民族前途命运的大事大非问题上，我们坚决不容许历史虚无主义论者诬蔑和否定中国共产党，否定中国革命，否定马克思主义。

## 五、抵制历史虚无主义的对策

（1）坚持历史唯物主义的观点和方法。只有善于运用马克思的历史唯物主义的观点方法观察和分析问题，才能提高看问题、辨是非、明方向的能力和水平。在新的历史条件下，反对和抵制历史虚无主义，必须坚持历史唯物主义的观点和方法，秉持实事求是的态度，提高正确研究党史、科学运用党史的能力，牢牢把握党史搜集、整理、研究和运用的主动权，多出史实可靠、依据扎实、理论深刻的成果，正确揭示党史的主题、主线、主流和本质。以问题为导向，以正面应对为主要方法，以适时、适度、适当为原则，提高抵制历史虚无主义的成效。

（2）坚定维护和巩固中国共产党的领导和执政地位。我们抵制历史虚无主义的根本目的，一是捍卫党史，维护党的形象；二是捍卫中国革命史，发扬革命优良传统；三是捍卫革命领袖和英雄人物形象，维护好中华民族的精神丰碑。这些都是中国共产党领导中国人民实现中华民族伟大复兴的取之不尽用之不竭的精神资源。中国特色社会主义最本质的特征是中国共产党领导，中国特色社会主义制度的最大优势是中国共产党领导，党是最高政治领导力量。这是党的十九大科学总结中国共产党成立以来近百年的历史经验，全面科学分析国际共产主义运动的经验教训，从对共产党的执政规律、社会主义的建设规律、人类社会的发展规律的认识中得出的重大论断。

（3）坚定中国特色社会主义文化自信。弘扬中华民族优秀传统文化，筑牢、夯实抵制历史虚无主义的思想根基。习近平指出："历史就是历史，历史不能任意选择，一个民族的历史是一个民族安身立命的基础。"中国共产党经历了近百年的苦难辉煌，其间发生了许许多多气壮山河的历史事件，为了民族复兴、为了人民幸福而勇敢献身的先烈不计其数。我们要以严肃、神圣、崇敬的态度对待党史、对待中国革命史、对待当代中国历史、对待中华民族的历史，旗帜鲜明地反对和抵制一切歪曲、丑化、否定中国革命历史、中国共产党历史、当代中国历史、人民军队历史的言行。无数事实表明，一个忘记、抛弃甚至背叛了自己历史和文化的民族，不但不可能发展振兴，而且很可能会衰落下去。

（4）提高依法抵制历史虚无主义的能力。抵制历史虚无主义，不能仅喊口号、贴标签、说大话，必须全面系统地把握党史发展的主题和主线、主流和本质，用严谨扎实的理论研究成果说服人，用无可辩驳的历史事实打动人。要牢牢掌握意识形态工作领导权、话语权和管理权，准确掌握政策，区分好哪类问题属于政治原则问题，哪类问题属于思想认识问题，哪类问题属于学术观点问题，不同性质的问题区别对待。还应运用法律的方式，理解好、贯彻好《中华人民共和国英雄烈士保护法》，切实维护革命先烈的合法权益，对各种恶意歪曲、丑化、否定革命领袖和英雄的言行进行坚决的斗争。

（5）切实加强中国革命历史、中国共产党历史和当代中国历史的宣传教育。随着新媒体的发展，历史虚无主义表现形式多样，手法不断翻新。因此，应当加强网络管理，在加强革命英烈的正面宣传上下功夫，在捍卫英烈的正面形象上下功夫，在运用信息技术手段讲好中国共产党故事、中国革命故事上下功夫，让中国革命史、中共党史等红色资源永远成为鼓舞中国人民不懈奋斗的思想力量！

# 第五章　普世价值思潮

“普世价值”成为近年来媒体上的高频词汇，即使在人们日常的交流聊天中也常常谈及“普世价值”，可见“普世价值”一词在当下中国的流行程度。其流行之广、影响之深、热度之高不可小觑。

但是，如果随便问一下什么是“普世价值”？世界上有没有普世价值？能否把某一国家、某一民族的价值标准当成全人类的普世价值？对此，人们要么一头雾水，要么语焉不详，要么众说纷纭、莫衷一是。但是，“普世价值”之争是严肃的政治问题，涉及国家意识形态安全，涉及培育和践行社会主义核心价值观，涉及中国特色社会主义的前途命运。特别是“普世价值”在我国仍有不少“粉丝”的情况下，我们更要运用马克思主义的立场、观点和方法，拨开罩在“普世价值”上面的迷雾和光环，认清“普世价值”的实质，澄清大学生在普世价值问题上的模糊和错误认识。

## 一、“普世价值”的内涵及传播

在不同的语境中，“普世价值”的内涵是不同的。在大众语境中，人们往往把人类共同需要的东西看成“普世价值”。比如，任何一个国家和民族的人都要吃饭、睡觉、运动，都需要阳光、空气和水，都要孝敬父母、抚育儿女。又如，任何国家和民族的人都认同杀人偿命、欠债还钱的基本常识。再往深层说，“己所不欲，勿施于人”这种道德信条不仅中国有，其他民族也有类似的道德表述。可见，大众话语中的“普世价值”是指人类生活中不可或缺的共通的东西，这种东西或者是一种人类生存必需的物质，或者是人类的一种基本需要，或是维系人类生存的基本道德准则。这就是大众语境中的“普世价值”。在学术语境中，学者讨论的“普世价值”源于“普遍伦理”。1993 年 9 月，世界宗教议会全体大会通过了《全球伦理：世界宗教议会宣言》，受此全球伦理运动影响，1997 年，联合国教科文组织制订了“普遍伦理计划”。1998 年 6 月，在北京召开了题为“从中国传统伦理看普遍伦理”的亚洲地区专家会议，在这个会议上有学者提出了“普遍价值”的概念。因为对这个概念不同的学者有不同的认识，于是在学术界展开了关于“普世价值”的学术讨论。不同领域的学者从哲学、政治、经济、伦理、社会、文化等角度对“普世价值”进行探讨，基本集中在什么是“普世价值”、有无“普世价值”、如何看待“普世价值”等论题上。但学者讨论“普世价值”多是着眼于吸收人类文明成果、促进不同国家和民族文化交流交融的角度，没有政治意图。这是学术话语中的“普世价值”。

政治语境中“普世价值”的话语主体大致有两种人，一是以美国为首的西方敌对势力，一是国内那些迷恋崇尚西方政治制度的人。他们把自由、民主、人权包装为“普世价值”，向他们认为的所谓非民主国家推销，目的是搞“颜色革命”，推行其霸权主义。对我国来说，就是要否定中国共产党领导，改变我国社会主义制度。在政治话语中，“普世价值”鼓吹者曲解社会主义核心价值观，认为党中央倡导社会主义核心价值观是对“普世价值”的接受和认同，是将“普世价值”列入了社会主义核心价值观的范畴。这实际是对社会主义核心价值观故意歪曲、别有用心的解读。另外，这些鼓吹者还通过“普世价值”推行西方政治制度，将中国特色社会主义纳入西方资本主义发展轨道，利用社会上出现的负面热点事件煽风点火，推波助澜，把这些负面问题归因于社会主义制度，借机推销“普世价值”。

本课题重点探讨的是政治话语中的“普世价值”。

有时，政治语境中的普世价值会乔装打扮，以大众和学术话语方式出现，对大众话语、学术话语进行误导，对此必须提高警惕。

普世价值在我国传播蔓延是从 20 世纪 90 年代末开始的，尤其是 21 世纪初的十几年，借助于全球化、网络化、市场化潮流，借助于我国对外开放力度不断加大，普世价值思潮在我国风生水起，渐成气候。总体来看，普世价值的蔓延有着复杂的国内外背景，是各种因素相互作用的结果。

一是源于以美国为首的西方敌对势力在意识形态领域的不断渗透。第二次世界大战以后，国际斗争形式策略发生了重大变化，如果说第二次世界大战以前国际斗争主要诉诸武力的话，那么，第二次世界大战后，国际斗争方式是武力与非武力并用，硬实力与软实力兼顾，在继续重视军事斗争的同时，更加注重意识形态领域的斗争。1946 年，时任英国首相的丘吉尔在美国发表了著名的演说，这个演说以反苏反共为主旨，被认为是美苏冷战的信号。1947 年，美国“杜鲁门主义”出台，标志着以美国为首的资本主义阵营与以苏联为首的社会主义阵营之间的冷战正式开始。1953 年 1 月，杜勒斯在国会考虑任命他为国务卿时的证词中明确提出了所谓的“解放政策”，声称要把社会主义国家的人民从被奴役状态解放出来，认为“解放可以用战争以外的方法达到，要摧垮社会主义对自由世界的威胁必须是而且可能是和平的方法”。

1957年4月，杜勒斯在纽约发表演讲，明确提出和平演变的六项政策。这年6月杜勒斯在旧金山发表演说，提出把中国和平演变的希望寄托在中国第三代、第四代身上。从丘吉尔到杜勒斯，他们非常明确地提出要通过意识形态斗争、和平演变的方式摧毁社会主义。

苏美冷战的结果以东欧剧变、苏联解体而告终，以美国为首的西方资本主义阵营胜利了，取得了“不战而胜”的效果。但是，这个和平演变图谋不仅未在中国实现，相反，中国在社会主义道路上创造了人类历史上的奇迹，科学社会主义在21世纪的中国焕发出了勃勃生机。于是，西方敌对势力在冷战结束后便把中国作为和平演变的重中之重，采取各种方式和途径对中国意识形态进行渗透，企图通过推销自由、民主、人权等所谓的普世价值，像扳倒苏联那样扳倒中国，最终在中国实现“颜色革命”。奥巴马任总统后，每年都把推销自由、民主、人权这些普世价值作为国家战略写进国情咨文。2010年5月，《美国国家安全战略》报告中提出，美国持久利益有四项：“在国内和全世界尊重普世价值”“维护美国及其盟友的安全”“保持美国经济的强大”“维持美国主导的国际秩序”，并特别指出美国的“长期安全和繁荣有赖于对普世价值的坚持”。可见，向全世界推行普世价值既是维护美国利益的题中应有之义，也是美国推行全球战略的逻辑起点。不论是武力打击阿富汗、伊拉克、利比亚，还是设计拉美陷阱、制造“颜色革命”、推动“阿拉伯之春”，说到底，都是推行普世价值的具体实践和导致的恶果。

二是源于国内崇尚西方民主政治者的推波助澜。建设中国特色社会主义，实现中华民族伟大复兴的中国梦，必须借鉴人类一切文明成果。毛泽东提出“古为今用，洋为中用”；邓小平指出，社会主义要赢得与资本主义相比较的优势，就必须大胆吸收和借鉴人类社会创造的一切文明成果；习近平指出：“我们愿意借鉴人类一切文明成果，但不会照抄照搬任何国家的发展模式。中国的改革是中国特色社会主义制度的自我完善和发展，只有走中国人民自己选择的道路，走适合中国国情的道路，最终才能走得通，走得好。”从毛泽东到邓小平再到习近平，有一个一脉相承的特点，那就是建设、发展社会主义，既注重吸纳人类一切文明成果，又立足中国大地，不盲目照抄照搬，而是走符合中国国情的道路。但是，改革开放以来，一些人在羡慕西方发达国家富裕的物质生活的同时，心理开始失衡，以为西方发达国家的一切都好，中国的一切都不如人，由崇尚西方物质生活发展到崇尚西方政治制度、精神文化和价值观念，主张全盘复制西方政治制度和价值观念，为西方敌对势力向中国推销普世价值充当吹鼓手、二传手，充当西方思想文化的“掮客”。20世纪80年代末，一些文化精英推出电视专题片《河殇》，把中国文明喻为“黄色文明”，把西方文明喻为“蓝色文明”，象征性地暗示：如同黄河汇入蓝色的大海一样，中华文明终将被“蓝色文明”所取代。这是极端的制度不自信、文化不自信。近年来，尽管中国成就卓著，令世界刮目相看，但一些崇美精英看不到中国制度的巨大优越性，仍然认为只有接受和实行美国的价值和制度，中国才有前途，于是把中国目前存在的所有问题都归结为没有实行美国的社会制度、政党制度。今天，中国仍有一小撮崇洋媚外者受美国等西方国家指使，充当起在中国推行普世价值的马前卒。在中美贸易战期间，这些人散布恐慌情绪，断言中国必败，由崇美转向恐美。这类人的推波助澜也是普世价值得以在中国传播蔓延的诱因。

三是源于转型时期人们思想的复杂多变。人类社会发展的规律表明，每当一个国家、一个民族、一个社会处于转型时期，人们的思想观念都是多变、多样、复杂的，中国也不例外。从历史上看，春秋战国时期是社会转型时期，思想空前活跃，出现了百家争鸣的局面。到了近现代，辛亥革命至五四运动是一次转型，中华人民共和国成立是一次转型，今天的改革开放又是一次转型，目前仍在路上。今天的中国，经济体制深刻变革，社会结构深刻变动，利益格局深刻调整，思想观念深刻变化。尤其是由于利益主体日益多元化，不同社会阶层、不同利益群体必然产生不同的利益诉求和不同的价值观念，人们思想的差异性、多变性、选择性、独立性日益凸显。再加上全球化、市场化、网络化的相互作用，各种社会思潮纷纷登台亮相，你方唱罢我登场，以不同方式和特点吸引眼球，争夺观众，施加影响，抢占市场，在这样的背景下，由于人们的主体需求不同，每种思潮都不缺“粉丝”，而普世价值思潮更是受一些人的推崇。当然，推崇普世价值者中也千差万别。有的是因为羡慕西方的物质生活，进而认为西方的一切都好，包括政治制度、价值理念。我们把这种称为“爱屋及乌型”。有的看到中国改革开放中出现的一些负面问题，于是对中国的前途悲观失望，转而向往西方社会制度，认为西方的制度文化是解决中国问题的灵丹妙药，中国实行西方的社会制度才有希望。我们把这种称为“信心丧失型”。有的在社会转型时期，面对纷纭变幻的社会，没有主见，缺乏理性判断和分析能力，盲目跟风，赶时髦，凑热闹，乱起哄，寻新奇，把自己头脑当成他人思想的跑马场，于是人云亦云地逢人便讲普世价值。我们把这种称为“人云亦云型”。应该说在各种推崇普世价值者中，真正有政治图谋的毕竟是少数，对于多数人，我们要耐心疏导、开导、引导，使其看清普世价值的实质。但对少数别有用心者，我们必须提高警惕。

## 二、普世价值的内在矛盾

西方敌对势力不论如何包装普世价值，其本质都是反映国际垄断资本的利益，是为西方敌对势力称霸世界的利益服务的。这个企图和野心是无论如何也掩盖不了的。因此，尽管以美国为首的西方国家竭力包装普世价值，让普世价值在世人面前悦目可人，但普世价值自身矛盾多多，逻辑上难以自洽，理论上不能自圆其说。

一是普世价值与价值标准多元的矛盾。普世价值在西方国家内部并不能自圆其说。拿法国来说，现在一提到人权，人们总是把法国的《人权与公民权利宣言》作为典范。这个宣言是 1789 年法国资产阶级大革命之后通过的，但是这个人权宣言里提到的人权和公民权利是指男性，准确地说是法国白人成年男性公民，妇女及其他种族的人是排除在外的。1791 年，一位名叫奥兰普·德古热的法国妇女写了一份《女人与女性公民权利宣言》，提出妇女应有投票权的诉求，结果这个妇女竟然被送上了断头台。150 年后，即 1944 年戴高乐政府时期，法国妇女的这个投票权诉求才得以实现。我们再看看美国的人权历史。美国 1776 年独立，1789 年颁布联邦宪法。虽然其独立宣言声称人人生而平等，但是这个“人”是指白人，而不是指黑人，甚至不包括妇女。根据联邦宪法规定，众议员根据各州人口比例选出，在没有废除奴隶制的情况下，美国黑奴的公民权属于奴隶主，五个黑人折算三个白人。美国黑人选举权直到 1965 年才确定下来，从美国独立始，黑人为争取选举权长达两个世纪。美国在南北战争中尽管废除了奴隶制，但在战争结束后，南北双方在政治上达成共识，认为国家统一的价值高于黑人自由的价值，于是，又制定了一整套种族隔离制度，践踏黑人人权长达一个世纪。与法国相同，美国妇女在美国独立后长时间没有选举权，直到 1920 年一份赋予美国妇女投票权利的宣言的签订，美国妇女投票权才最终获得。17—19 世纪的西方国家，种族主义、殖民主义是其普世价值，在相当长时间里，他们的自由包括贩卖黑人的自由、对印第安人种族灭绝的自由、殖民的自由和向中国倾销鸦片的自由。这是从历史角度纵向地看。我们再从共时的角度横向看，美国各个州对自由、民主、人权等价值标准的理解、做法也不统一，有的差异还很大。拿死刑来说，美国共有 50 个州，但只有 23 个州废除了死刑，另有 23 个州保留对不满 18 岁的少年犯处以死刑的法律。在税率上，不同的州差异也很大，甚至相邻的镇、村其税率也有区别。美国目前有五个州实行免税。可见，不论从美国历史看，还是从美国国内不同地区看，美国的价值标准是不同的，也是变化的。所以，在美国国内普世价值也并不普适。

普世价值并不普适，这个道理美国人心知肚明，但为了推行霸权主义，也必须大讲特讲，必须乔装打扮，他们知道谎言千遍也会成为真理的。他们深知，如果承认价值是多元的，承认人权是具体的，民主是历史的，美国就无法推销普世价值，霸权主义自然就会落空。所以，尽管其普世价值难以自洽，但也必须强行推销，哪怕动用武力。

二是个别国家认同与国际不认同的矛盾。既然美国等西方国家把自由、民主、人权看成人类普世价值，那就应该得到全世界多数国家认同，可现在多数国家并不认同，只是西方国家强加给别国的，这样的价值能算普世价值吗？还有，除了自由、民主、人权外，其他价值算不算普世价值？比如，从全世界角度看，和平最重要，毫无疑问应该算作普世价值。但是，西方国家尤其是美国对此不接受、不认同，他们蛮横地保留发动战争的权利。又如，中国有5 000多年的文明史，经过40年的改革开放取得了举世瞩目的成就，在政治、经济、文化等领域为人类社会提供了许多重要价值，如崇尚仁爱、团结、和谐、责任等，这些价值可不可以成为普世价值呢？事实上，人类社会哪些价值可以成为普世价值，哪些价值不能成为普世价值，不能由少数国家说了算，而应由全世界所有国家共同协商确定。西方国家口口声声讲民主、讲平等、讲自由、讲人权，但在普世价值的认定上为什么不与各国协商，而是强行推行自己的价值观呢？这本身就是反民主的霸权行径，与其推行的普世价值是自相矛盾的。一个国家内部的核心价值观由该国人民共同协商确定，同理，全世界的核心价值或称普世价值应由世界各国人民共同协商确定。

三是价值与真理的矛盾。价值与真理是两个既有联系又有区别的概念。价值是客体的特定功能、属性满足主体需要的意义，一个客体有无价值，要看他能否满足主体的需要，满足了一定主体的需要，这个客体对于该主体而言就有价值，反之，则没有价值。因此，价值与主体需要、愿望、目的密切相关，具有鲜明的主体性、主观性。真理则是主体对客体本质及其规律的正确反映，真理客观存在，具有唯一性。主体需要与否，不影响真理的存在。比如，对于喜欢喝酒的人而言，酒是有价值的，而对于讨厌喝酒的人而言，酒是没有价值的。“酒的主要成分是乙醇”这句话是对酒的本质的正确反映，这条真理不论一个人喜欢喝酒与否都是不能否认的。真理具有客观性、唯一性，是不以人的主观意志为转移的。价值可以因人而异，但真理不是。以美国为首的西方国家是深知价值与真理的区别的，所以为了推销普世价值，实现称霸全球的战略意图，就把自由、民主、人权这些本来属于价值性概念包装为真理性概念，于是自由、民主、人权等价值就获得了一种普遍性，普世价值就等于普遍真理，这样推销起来就具有了道义优势，谁不接受普世价值谁就是不接受真理，谁就成了违反人类文明规律、逆历史潮流而动的小丑，谁也就必然会失败。这就是他们玩弄的混淆概念、偷梁换柱的把戏。

四是抽象与具体的矛盾。西方国家不顾他国历史传统、发展阶段，一味地向他国推销自由、民主、人权等所谓的普世价值，是用抽象代替具体、一般代替个别、共性代替个性的简单粗暴做法，是违背人类文明进步规律的。在人权领域，谈论自由、民主、平等，不能离开具体的空间和时间，不能离开一个国家的历史文化背景、特定发展环境和发展水平。自由、民主、人权是历史的概念，是发展的概念，任何脱离具体国情强行推销所谓的普世价值的做法必然给所在国带来灾难。美国发动阿富汗战争、伊拉克战争，强行输出西方民主模式，其导致的灾难全世界有目共睹。抽象地谈论自由、民主肯定是美好的，但一联系到具体事件，就矛盾百出。比如，美国总是标榜自己言论自由，但美国大规模监视本国和外国公民的电话、电子邮件，这种行为算是言论自由吗？美国每年有 3 万多人死于各种枪击案，但美国毫无办法，这算是保护人权吗？所以，普世价值存在着抽象和具体的矛盾。

## 三、西方国家推销普世价值的实质

普世价值作为西方国家的政治话语，与大众话语、学术话语的普世价值的最大不同在于其有政治图谋。

图谋之一：摧毁他国主流意识形态。在国际斗争中，意识形态处于十分重要的地位。意识形态是为一定的政权服务的，具有塑造人们的思想和行为、描绘政治图景、鼓励人们奋斗、塑造人们归属感认同感、解释政权合法性等功能，其核心是价值观。巩固一个政权，需要意识形态；摧毁一个政权，往往从意识形态开始。所以，意识形态关涉一个国家的安危、政权的得失、经济的兴衰、社会的治乱、人心的向背。正因如此，西方国家非常重视意识形态斗争，推销普世价值就是西方国家开展意识形态斗争的一个重要策略。

西方国家特别是美国在开展意识形态斗争上手法娴熟，战术高超，尤其是在取得对苏联冷战的胜利之后，更加热衷此道。国际上把意识形态斗争作为重要斗争手段是从美苏冷战开始的。1946 年，丘吉尔在美国发表反苏反共演说标志着冷战开始，这个冷战已经带有意识形态斗争色彩。1953 年，美国国务卿杜勒斯首次提出对苏联、对中国等社会主义国家进行和平演变的战略，他提出的六项办法主要是通过所谓的“攻心”策略在思想文化等意识形态领域进行渗透、诱导、催化，从思想上瓦解社会主义国家。1961 年，肯尼迪上台后，立刻炮制了“和平演变”战略规划和目标。尼克松在其《1999：不战而胜》一书中也提出，应同社会主义国家展开和平竞赛，进行意识形态竞争，打攻心战，推行自由和民主价值观，打开社会主义国家的和平变革之门，最终实现“不战而胜”的目标。奥巴马任总统期间，每年都把自由、民主、人权作为普世价值写进国情咨文，有计划地向世界推销。他认为，民主、法治、言论自由、宗教自由是普世价值，至关重要。

以美国为首的西方国家在推销普世价值时，惯用的手段就是把自己吹到天上，把别国贬到地下，其不但把自由、民主、平等说成是普世的价值，适用于所有国家和民族，而且认为这些价值是最高真理，是救世良方，是人类的福祉所在。相反，把马克思主义贬为乌托邦，把独裁、僵化、专制、教条的帽子全扣到马克思主义头上，指责中国特色社会主义是背离人类文明大道，把共产主义斥为极权主义，把苏联解体看成历史的终结，即人类社会只有一种统治形式，那就是市场经济和民主政治。尽管中国通过改革开放，走中国特色社会主义道路，创造了人类历史上的奇迹，这应该是中国道路、中国模式的成功，但是他们对此视而不见，要么选择性失明，要么把成功归因于接受其普世价值的结果，而对中国存在的问题大力渲染，煽火点火，归因于社会主义制度和中国共产党的领导。总之，他们推销普世价值的目的就是把马克思主义从社会主义意识形态领域驱逐出去，彻底改变社会主义意识形态的性质。

图谋之二：推销西方民主政治制度。冷战虽然结束了，但国际上的意识形态斗争不但没有随之结束，反而更强化了。从内容上看，冷战时期意识形态斗争的核心是社会制度之争，即以美国为代表的资本主义阵营与以苏联为代表的社会主义阵营的斗争。冷战结束后，社会制度之争淡化，民主政治之争凸显，西方敌对势力意识形态斗争重点方向是用自由、民主、人权等所谓普世价值对其他国家进行民主化改造。2006年，美国推出普林斯顿计划，这个计划把世界所有国家分为两部分：一部分为民主国家，一部分为非民主国家，要联合民主国家对抗非民主国家。伊拉克战争、“阿拉伯之春”都是美国推销民主政治战略的实际行动，目的无非是在阿拉伯世界实行美式民主政治制度，扶持亲美政权，实现霸权主义目标。

美国在向别国推行民主政治时，往往以物质资助为诱饵，以政治民主化改革为条件，要求对象国在政治模式上以美国的一人一票、三权分立、多党制为标杆，并以此作为提供经济援助、发展双边关系的前提条件。但是，这些高大上的制度设计不仅没有解决对象国经济社会发展方面的困难，还因水土不服带来社会动荡甚至灾难。今天，美国调整思路，更加注重在民主输出细节上做文章，从底层做起，从民众做起，从改变民众政治观念上入手。根据对象国普通民众需要，提供医疗、教育、就业等方面援助，这些援助带有民主色彩，又与民生息息相关，一旦对象国取消此类合作，就会引发民众对政府不满，因此这类援助一开始就有意埋下了民众与政府的矛盾。奥巴马政府期间，在推广民主方面更加积极，突出表现在美国非政府组织开始活跃，政府在民主输出方面的投入显著增加，尤其是对亚太地区的投入力度更大，比过去增加了25%。于是，“自由之家”“民主基金会”等著名非政府组织更加积极，开辟了更多的民主项目。美国向亚太地区推行民主的典型案例是“东南亚青年领袖计划”，这个计划主要通过资助东南亚青年赴美留学、培训、考察等方式培养未来具有美式民主价值观的青年政治骨干和青年领袖，同时培养大量喜欢、崇尚美国生活方式、价值观念、政治模式的普通民众。

利比亚的灾难就是西方国家通过向卡扎菲儿子赛义德渗透西方普世价值进而对卡扎菲施加影响的结果。赛义德接受西式教育，结果被西方成功洗脑。他热衷讨论国家开放、经济私有化和现代化，更喜欢谈论西式民主和公民社会，对西方普世价值情有独钟。这位以改革自居的海归成功说服父亲，让卡扎菲相信西方霸权主义这只狼不会吃羊，并接受西方价值理念。最后卡扎菲在西方打击下走向灭亡，赛义德也未能幸免。这也让人们看到了西方国家意识形态控制渗透能力的强大。在赛义德的劝说下，为了迎合和讨好西方，卡扎菲做出了让敌人和朋友都想不到的让步，但即使百般献媚西方国家，卡扎菲仍未得到西方国家的谅解和认同，仍被西方国家视为敌人。西方国家的真正目的是改变利比亚的政权性质，将其变成亲美亲西的西式民主国家，纳入西方战略轨道。赛义德在西方学习时，西方国家情报机关对其进行渗透，投入人力财力，导致赛义德完全接受西方的价值观念，成功被洗脑、控制和收买。回国后一步一步劝说父亲接受西方价值观。2002 年，赛义德进入伦敦经济学院攻读博士学位，英国首相布莱尔曾帮助他完成论文。回国后立马推动立宪和政治改革。

中国是美国推销其民主政治的重点对象。美国《时代周刊》一个报道曾说："美国曾希望中国发展成民主国家的这个观点一直是美国对华政策的基础，是美国与一个不以为然的独裁政权保持密切联系的主要原因。"美国向中国推销民主政治的方式一个是"拉"，一个是"打"。所谓"拉"，美国一些基金会和非政府组织常以资助学术研究，邀请中国学者参加学术会议、开展合作研究、进行学术考察等方式进行渗透，同时诱导中国学者写文章，对中美政治模式进行比较，以证明美国经济、政治、社会制度的合理性和中国走美国道路的必要性。所谓"打"，美国利用中国举办的大型国际性活动，怂恿反华分子公开反华。2008 年北京奥运会火炬传递期间，在国外频频发生暴力阻止火炬传递活动，妄图把北京奥运会政治化，给中国制造麻烦。总之，这一切都是打着普世价值旗号，目的是推销西方的民主政治模式。

图谋之三：推行霸权主义，谋求霸权地位。霸权主义是大国、强国、富国欺负小国、弱国、穷国的行径，不尊重别国主权的独立性，强行干涉、支配、控制和统治。当今世界，美国以老大自居，是唯一的霸权主义奉行者、推行者。冷战结束后，历任美国总统的施政方略虽有差异，但在谋求全球霸权地位这一点上是高度一致的。

谋求霸权地位有政治、军事、经济、科技、意识形态等多种手段。如果说第二次世界大战前谋求霸权地位主要靠军事手段，那么"二战"后军事、政治、经济等手段并用，但更加注重意识形态手段，即通过推销普世价值、进行意识形态渗透，瓦解他国政权谋求霸权地位。

为什么用普世价值谋求霸权地位呢？第一，可以取得道义优势。表面上看，普世价值不是贬义词，尽管这个词一涉及具体的国家、民族、历史、社会条件就会引发争议，但世界上毕竟有一些价值如和平、仁爱等是世界各国人民所认同的，所以把一些价值包装为普世价值，具有一定的诱惑性、吸引力，可以获得道义上的优势。第二，掌控政治话语权。把自由、民主、平等、人权与普世价值画等号，谁拒绝自由，谁就是极权主义；谁反对民主，谁就是独裁。于是，美国凭借普世价值推行者身份就可以轻而易举地获得国际政治话语权。第三，霸权行径合法化。美国发动伊拉克战争，名义上是因为萨达姆政权独裁，且有危及人类的化学武器；美国轰炸南联盟，名义上是为了保护波黑的穆斯林免遭屠杀；美国为“阿拉伯之春”煽风点火，名义上是为了阿拉伯国家的民主改革。实际上，美国的所作所为的真实目的是为了控制中东、巴尔干半岛，谋取在该地区的主导权。

## 四、抵制普世价值思潮的对策

普世价值之争是当前我国意识形态领域斗争的重要内容之一。社会主义核心价值观与普世价值的斗争说到底是马克思主义与非马克思主义的斗争，是在意识形态领域要不要坚持马克思主义指导地位的问题。我们必须以马克思主义为武器，剖析普世价值的内在矛盾和政治图谋，揭下其虚伪面纱，引导人们培育和践行社会主义核心价值观。

（1）抵制普世价值思潮，必须加强社会主义意识形态建设。一要对意识形态发展态势做好舆情监测，及时把握动态走向，牢牢掌控意识形态领域主导权、话语权、管理权。各种社会思潮如果通过传统媒体传播，这个渠道我们已有完善有效的管理办法。目前，包括普世价值在内的各种社会思潮主要通过网络等新兴媒体传播，我们在这方面的管理还比较滞后，反应不够及时，措施不够得力。因此，面对媒体新技术、信息传播新情况，我们一方面要研发新技术，提高监测水平，另一方面要提高宣传思想工作人员的能力素质，培养一批既具有较高马克思主义理论水平，同时熟悉网络技术的宣传思想工作人才。二是对普世价值深入研究，揭示其内在矛盾，从理论与实践两方面剖析其学理困境和实践困境。普世价值不是客观真理，人类社会不存在适用于任何国家、民族、社会制度和发展阶段的政治模式。即使在西方国家内部，不同历史阶段，自由、民主、人权的具体内涵也存在着巨大差异。同一历史阶段的不同国家甚至一个国家的不同地区，其自由、民主、平等、人权的价值标准也不统一。如果把普世价值向西方以外国家推销，问题就更多了。正因为不顾国情及经济社会基础硬性推销，才导致了拉美陷阱、中东乱局、东欧灾难。美国等西方国家打着普世价值招牌，采取双重标准，高举人权高于主权的道义大旗，随意干涉别国内政，甚至绕开联合国对别国动用武力。但对自己国家频发的虐囚事件、枪击事件以及以国家名义随意监听他人和别国电话的邮件事件置若罔闻。

（2）抵制普世价值思潮，必须积极培育和践行社会主义核心价值观。价值观是意识形态的核心内容，社会主义核心价值观是社会主义意识形态的核心内容。意识形态包括许多不同领域，如政治、经济、文化、社会、伦理领域，但核心内容是价值观。普世价值之争说到底是意识形态主导权之争。中华人民共和国成立后，党和政府非常重视意识形态领域建设，始终坚持马克思主义在意识形态的指导地位。中共十六届三中全会，提出了社会主义核心价值体系这一命题，在此基础上，党的十八大提出了社会主义核心价值观，把社会主义核心价值观通过 24 个字、12 个词、三个层面表述出来，这样我们党就把意识形态建设提高到一个新的阶段。我们必须通过培育和践行社会主义核心价值观，抵御普世价值思潮。

首先，全面准确地理解社会主义核心价值观。习近平指出："在当代中国，我们的民族、我们的国家应该坚守什么样的核心价值观？这个问题，是一个理论问题，也是一个实践问题。经过反复征求意见，综合各方面认识，我们提出要倡导富强、民主、文明、和谐，倡导自由、平等、公正、法治，倡导爱国、敬业、诚信、友善，积极培育和践行社会主义核心价值观。"这为我们正确理解社会主义核心价值观提供了根本遵循。但是，一些崇尚西方国家推行的普世价值的人总是歪曲社会主义核心价值观，将社会主义核心价值观与普世价值简单画等号。这种认识要么是误解要么是别有用心。

实际上，社会主义核心价值观与西方国家推行的普世价值有本质区别。一是阶级属性不同。社会主义核心价值观是社会主义性质的，是社会主义意识形态的核心内容，是以马克思主义作为思想基础的；普世价值是资本主义性质的，是资本主义意识形态的核心内容，是以资产阶级个人主义作为思想基础的。二是产生基础和具体内涵不同。社会主义核心价值观源于中华民族优秀文化传统，源于中国共产党领导人民进行革命、建设、改革过程中所形成的革命文化和社会主义新文化，源于中国改革开放的伟大实践。社会主义核心价值观是生长于中国大地的文明之花，其具体内涵与中国历史、现实、未来紧密相连，是具体的、现实的。普世价值源于西方资本主义社会，是西方历史文化传统和资本主义经济社会的产物，具有抽象性、虚幻性。三是立足点不同。社会主义核心价值观主张社会本位，出发点是集体主义，倡导家国情怀；普世价值主张个人本位，出发点是个人主义，倡导个人价值优先集体价值，体现的利己主义、拜金主义乃至极端个人主义。四是目的不同。社会主义核心价值观是全体中国人自己的价值观，不向外输出，不强加于别国，目的在于谋求中华民族的复兴，谋求中国人自己的幸福；普世价值之所以冠以“普世”，目的在于强加于他国，谋求霸权地位，实行强权政治，具有欺骗性、两面性、扩张性、侵略性。

其次，传播好社会主义核心价值观。传播社会主义核心价值观需要强化三方面工作：一是强化正面宣传。普世价值在我国传播、蔓延，致使一些人信奉之、迷信之，除了与个人思想意识有关外，还与社会中存在的负面因素有关，如贪污腐败、贫富差距、道德滑坡、环境污染、造假售假等。但是，与改革开放取得的伟大成就相比，这些问题都是支流，是十个指头与一个指头的关系，我们党不回避这些问题，正通过深化改革一步步予以解决。西方敌对势力和国内个别人把这些问题归因于社会主义制度，归因于中国共产党领导，鼓吹只有推行普世价值才能解决这些问题。我们的媒体要引导人民群众正确看待改革开放中的成绩和问题，正确看待中国特色社会主义事业发展中的主流和支流，正确认识我国所处的历史方位和发展阶段，正确理解我国社会的主要矛盾的变化，引导人民群众既要纵向对比，又要横向对比。通过正面宣传引导人民群众正确看待和分析形势，如此才能抵御普世价值的负面影响。二是强化新兴媒体建设。新兴媒体具有受众多、传播快、互动强的特点和优势，各种社会思潮也主要是通过新兴媒体传播的，所以传播核心价值观必须用好新兴媒体，让社会主义核心价值观主导新兴媒体。要研究新兴媒体传播规律，把握大众的信息接受规律，创新核心价值观宣传教育的方式方法，让社会主义核心价值观在人民群众中内化于心，外践于行。三是强化对民间舆论场的引导。随着互联网等新兴媒体的发展，传统主流舆论场外产生了一个民间舆论场，而且不断发展壮大，对意识形态的影响愈来愈大。民间舆论场具有原生态、自发性、易变性特点，既有与主流舆论场一致的一面，又有不一致甚至针锋相对的一面。要在推动主流舆论场与民间舆论场融合的同时，在重大问题和热点问题上，不回避、不沉默，主动及时地发出声音，在公布事实、辨明是非、指出利害、讲清大局、揭示趋势、及时沟通上做足功课，练好基本功。需要注意的是，民间舆论场具有两面性，如果引导得力，它就能够发挥主流舆论场所不能发挥的积极作用，如果不能正确有效引导，民间舆论场对社会主义核心价值观就会起到消解作用，既可以传播社会主义核心价值观，又可能传播所谓的普世价值。所以，传播社会主义核心价值观、抵御普世价值思潮，必须重视对民间舆论场的正面引导。

最后，践行好社会主义核心价值观。作为价值体系，社会主义核心价值观重在知行合一。知是前提，行是目的。因此，培育和践行社会主义核心价值观必须做到三个结合。一要与人们的日常生活结合。从身边做起，从小事做起，做到落细、落小、落实。其实，不论人们意识到与否，在日常生活中，价值观如同空气一样，无处不在、无时不有。个人发展中回避不了义利取舍，人际交往中涉及志同道合，工作生活中总要表现情感态度，对各种社会现象总会流露出是非爱憎。这些倾向、态度、爱憎就体现着一个人的价值标准，只是不一定都是正确、积极、主流而已。所以，必须让社会主义核心价值观融入日常生活，在人们的一言一行中体现出来，由自觉践行转变为人民大众的集体无意识。二要与日常工作结合。社会上各个行业都应自觉体现社会主义核心价值观的要求，每个人在工作中都应与社会主义核心价值观对标对表，做到同向同行，同频共振。三要与宪法、法律法规结合。法律规范源于价值规范，价值观是法律的思想基础和基本精神所在。但价值观不是某种虚无缥缈的存在，每一种价值观都依托于一整套的制度安排、法治架构和政策导向。法国启蒙主义思想家卢梭说："一切法律中最重要的法律，既不是刻在大理石上，又不是刻在铜表上，而是铭刻在公民的内心里。"法律是价值观的外化，能够铭刻在人们内心里的法律，只能是内含于法律条文之中的价值观念、价值原则和价值规范。可见，价值观是最深层起决定作用的东西，但它必须由法律为其保驾护航。在一个国家里，法律与价值观的目标是一致的，只是法律是硬约束，价值观是软约束，法律更注重现实性，价值观更具理想性。法律的制定只有充分体现社会主义核心价值观，才能使法律有正确的价值导向，从而避免法律与核心价值观彼此矛盾，相互消解。

# 第六章　宪政民主思潮

多年来，西方国家凭借其在国际意识形态领域掌控的话语权，傲慢地将自身的制度说成宪政民主的标杆、人类政治文明的典范，并竭力向别国推销，企图把所有国家都纳入它们的制度体系，而中国正是其重点推销宪政民主的对象。于是，在一部分人的呼应下，国内逐渐形成了一种宪政民主思潮。他们试图在中国复制西方宪政民主模式，把中国梦解释成“宪政梦”，鼓吹“中国应跟上世界宪政潮流”“宪政民主是中国政治改革的唯一方向”“反宪政就是反改革，就是违宪”等。这股思潮的目的就是用西方的宪政民主模式取代中国特色社会主义制度，把中国纳入西方国家的资本主义框架，进而成为其附庸。对这股思潮，我们必须提高警惕，并深入了解其产生发展、结构体系、固有矛盾和思想实质，准确把握中国特色社会主义政治制度与西方宪政民主制度的本质区别，科学认识中国道路、中国模式的历史必然性和合理性，更加坚定中国特色社会主义道路自信、理论自信、制度自信、文化自信。

## 一、西方宪政民主的前世今生

宪政民主产生于西方，是西方资本主义制度的产物。尽管学术界、理论界对其思想渊源、具体内涵观点不一，但是在宪政民主生长于西方政治文化土壤、是西方资本主义政治制度的标志、是资产阶级国家和政治理念的集中体现等核心问题上是没有疑义的。概括起来，宪政民主基本内容包括三权分立、多党制、普选制、议会制、司法独立、军队国家化。

### （一）西方宪政民主的起源、生成、演变

从渊源上说，西方宪政民主可以上溯至古希腊社会的民主城邦制。古希伯莱的文化精神、基督教价值理念以及文艺复兴时期的人文主义和宗教改革思想为西方近代宪政民主的生成、演变、建构奠定了思想基础，而近代资产阶级革命直接促成了宪政民主的诞生。

英国于 17 世纪中后期建立了人类历史上第一个资产阶级宪政民主国家。英国资

产阶级革命具有渐进性、温和性、妥协性、改良性特点。英国资产阶级革命从1640年查理一世召开新议会开始历经曲折：先后经历两次内战、处死查理一世、建立共和、克伦威尔军事独裁、斯图亚特王朝复辟等阶段，直到1688年“光荣革命”结束。1689年，英国议会颁布《权利法案》，以法律形式对王权加以限制，标志着英国君主立宪制政体正式建立，英国资产阶级宪政民主制度正式诞生。1701年，议会颁布《王位继承法》，对王位继承及国王权力进一步予以规范，英国宪政民主制度不断完善。

美国资产阶级革命自1776年争取殖民地独立开始，中间经历了第二次大陆会议通过《独立宣言》、13个殖民地制定并通过《邦联和永久联合条例》、制定各州宪法、1787年制定并通过联邦宪法、1789年第一届国会成立以及华盛顿就任美国第一届总统等阶段。美国建立宪政民主制度的前后过程较短，从独立战争到宪法诞生再到按宪法选出第一任总统前后仅用了13年时间，而英国用了近半个世纪的时间，法国前后经历80多年的时间。当然，美国的宪政民主制度建立有两个背景：一是英国建立宪政民主国家的实践为美国提供了资源和借鉴，因为美国的国父大都是移民美国的英国清教徒，非常熟悉英国的宪政民主制度。二是殖民地时期的《五月花号公约》、1619年弗基尼亚会议、地方法律和地方自治等为美国宪政民主制度的建立奠定了良好基础。待独立战争一打响，宪政民主制度的建立便水到渠成了，于是大大缩短了各种政治力量反复博弈、反复试错的时间。

法国宪政民主制度的建立比较暴力、血腥和激进，是急风暴雨式的，经历了复辟与反复辟的反复斗争。从1789年大革命爆发到1875年第三共和国建立，民主共和制度的最终胜利前后历时80多年。

进入20世纪，尤其是第二次世界大战后，西方国家的生产力快速发展，经济持续增长，特别是以信息为核心的第三次科技革命深刻改变着人们的生产方式、工作方式和生活方式，与此相应，人们的思想观念、价值追求也发生了深刻变化，生产力和生产关系、上层建筑和经济基础以及在此之上的意识形态都发生了重大变革。在此基础上，西方国家的宪政民主制度有许多新的因素在生长、原有的格局在调整、具体内容在变化。比如，公民权利有了新发展，多党轮流执政制度呈现出新格局，权力制衡机制出现了新变化，公民权利获得新发展。拿公民权利来说，20世纪以来，西方国家建立了养老、医疗、教育、最低工资等保障制度，将健康权、环境权、清洁空气权等写入宪法和法律，新增了公民的经济、民族、种族、性别等社会生活基本权利，过去有关种族、文化程度、财产、性别、居住时间等方面的限制彻底取消，一些限制公民言论自由的规定也进一步取消。

### （二）西方宪政民主的要素构成

（1）三权分立。美国是实行三权分立最典型的国家。美国宪法规定立法权、行政权、司法权各自独立，分别由立法机关、行政机关、司法机关行使，三个权力既相互独立又相互制衡。国会拥有立法权，总统拥有行政权，联邦最高法院拥有司法权。美国国会由参议院、众议院组成，是联邦最高立法机构，具有立法权、监督权、人事权、弹劾权。但是，国会的立法必须由总统批准方能生效。总统虽然有权提名联邦最高法院法官，但必须经过国会批准方能任职。国会、总统提名的各部部长人选必须由国会最后批准，总统的财政预算也必须由国会批准。国会、联邦最高法院均有弹劾总统的权力，而联邦最高法院可以通过违宪审查形式限制国会的立法权和总统的行政权。

（2）多党制。西方资本主义国家中比较流行的是两党制或多党制。两党制是在一个国家内存在着影响较大而又实力相当的两个政党，其主要通过控制议会中的多数席位或通过总统竞选获胜，轮流执政。世界上英国、美国的两党制最具代表性，分别代表着两党制的两种类型。英国是议会内阁制两党制，两大政党通过竞争获得下议院席位，拿到多数席位的政党即为执政党，其负责人为内阁首相，负责组织内阁，对议会负责。没拿到议会多数席位的另一政党作为法定的反对党而存在，不参加政府行政事务，只监督政府的施政行为，牵制其行政活动。美国是总统制的两党制，两党制主要体现在总统竞选上，竞选获胜的政党为执政党，其代表人物为总统，失败的政党为在野党。获胜的执政党虽有行政权，但未必同时能控制立法权，具有立法权力的议会下议院的多数席位很可能被在总统竞选中失利的另一政党占有。多党制是指一个国家内存在着三个及三个以上的政党，其中没有一个政党能够长期保持绝对优势，需要靠竞选中的偶然获胜或与其他政党联合组织政府。在多党制国家，所有的政党都可以参加议会席位的竞选，获得议会50%以上席位的为执政党，其代表人物即为国家元首或政府首脑。如果任何一个政党都没有获得议会多数席位，则根据参加竞选的各党派所获票数的多少按比例分配席位，实行联合执政，得票最多的政党的代表人物或负责人任国家元首或政府首脑。法国是典型的多党制国家，所以在议会中很难形成一个占多数席位的政党，其内阁只能通过联合其他政党组成，这种情况容易造成国家政策不统一，政局也不够稳定。

（3）普选制。普选制有两层含义：一是指国家机构的主要高级官员由普选产生，包括国会议员、国家元首、政府首脑、国家重要机构的高级官员、地方行政长官的选举；二是指所有选民都有选举权和被选举权。当然，西方国家公民的选举权并不是一步到位的，而是有一个漫长的发展过程。比如，美国的黑人直到1965年才获得选举权，美国妇女 1920 年才获得选举权，法国妇女直到 1944 年才获得选举权。西方很多国家在其宪政民主制度早期对公民普选权还有诸如财产、种族、性别等方面的限制。比如，法国 1789 年颁布的《人权宣言》规定普选权不受种族、财产、性别、学历限制，但 1791 年宪法就将公民分为积极公民和消极公民，规定只有积极公民才有选举权和被选举权。积极公民应具备三个条件：一是交纳了相当于三个工作日价值的税收；二是没有处于受奴役地位；三是已经在居住地政府的国民军花名册上登记。这个条件使大量的下层民众被排除在外。

（4）司法独立。司法独立是指国家司法权独立于立法权和行政权，不受其他国家机构和任何政党的监督管理，包括机构独立、权力独立、预算独立、法官独立、审判独立等。依据宪法和法律规定，法院、法官独立行使审判权。拿美国来说，为了防止立法机关、行政机关对法院司法权的侵犯，为保障法院司法权的独立公正，美国宪法规定法官在任期上实行终身制，在薪资上实行高薪制。除此之外，西方一些国家还赋予司法机关对国会的立法和行政机关的施政行为进行违宪审查的权力。

（5）军队国家化。西方宪政民主国家为了防止军队干预政治、介入党派竞争，实行军队国家化，军队在政党斗争中必须保持中立。军队不隶属某个政党，不介入政党竞选，只履行国防及对外战争职能。为了防止军人干预政治，法律规定军队最高控制权由文职机构或文职官员掌控。在美国，总统任军队最高统帅，而且国防部长和陆、海、空三军部长均为文官担任。即使由军人担任的各军兵种参谋长，其身份也只是文职官员的军事顾问。参谋长联席会议必须在国防部长领导下工作。

## 二、西方宪政民主的实质及其输出的后果

美国等西方国家视宪政民主制度为人类政治文明之典范，不遗余力向别国推销，凡是不照搬宪政民主模式的国家都被扣上“不讲人权”“没有民主”“极权政治”的大帽子，并挖空心思进行意识形态渗透，蓄意颠覆他国政权。从格鲁吉亚等国的“颜色革命”到埃及等国的“阿拉伯之春”，就是这种渗透、颠覆的典型事例。这些国家多年的政治实践证明，宪政民主带给这些国家的不是什么福祉，而是灾难。但美国等西方国家通过推销宪政民主实现了扩张野心。

### （一）西方宪政民主的实质

西方宪政民主制度是在资产阶级反封建斗争中诞生的，是资产阶级革命的成果。相对封建专制主义，宪政民主制度是人类政治文明的进步，在历史上具有一定的进步意义。但是，从阶级本质上讲，宪政民主制度是以私有制为基础的，是资本主义

国家的政权组织形式。不论是君主立宪制，还是民主共和制，都是为实现、维护资产阶级利益服务的。

所谓“多党制”，本质上是资产阶级不同利益集团为实现本集团利益而进行博弈的工具。所谓多党竞选，一方面参选议员、参选官员只有得到资产阶级利益集团支持才能当选；另一方面，资产阶级不同利益集团轮流执政，可以保证国会完全掌控在资产阶级手里。西方的宪政民主主张多党竞争，认为只有通过政党间的竞争博弈和民众选择，才会产生符合民众意愿的执政党和优秀的领导人。但这个制度发展到今天，政党被选票绑架，选票成为政客胜选的敲门砖，西方政党政治蜕变为选举政治，议会民主演变为选票民主，民主的内容越来越贫乏，民主的形式越来越单调，民主的初衷不断异化，宪政民主成了形式远远大于内容的躯壳。为了拉选票，候选人使出浑身解数讨好民众，漫天许愿，好话说尽。可一旦竞选成功，登上权力宝座，言而有信者，不惜寅吃卯粮，慷国家之慨，不顾国家现实条件和长远发展，为选民兑现不切实际的承诺，给国家带来沉重的债务负担，也给继任者挖了一个大坑；言而无信者，把对选民的承诺扔到脑后，变为一纸空文，自己该干什么就干什么，没人监督竞选承诺的兑现落实情况，充其量选民对其再投不信任票，领导人下台一走了之，没有任何问责机制。而且，在竞选过程中，候选人之间的竞争变成烧钱比赛，由此滋生公开行贿受贿。多党制由于党派竞争、不论是非、互相攻讦、彼此扯皮、议而不决、决而不行、行而无效，导致效率低下，政策没有连续性。与中国共产党一张蓝图画到底，一届接着一届干不同，两党或多党制条件下，不仅不同政党之间其政策没有连续性，就是同一政党执政其政策也没有连续性，往往是一届对着一届干。事实上不论两党执政还是多党执政，尽管执政理念和路径有别，但都应以国家利益和人民利益为重，互相有竞争，也应有合作共识。但现状和趋势似乎是为了竞争而竞争，为了反对而反对，只重形式，不重内容，只重程序，忽略结果。

所谓“普选制”，就是公民普遍参与选举，在两个或多个政党推出的候选人中选择中意的一个通过投票予以支持，但不得在候选人之外选择他人。可见，这个选举是政党操控的。但是，任何一个参与竞选的政党其背后都有大财团支持，竞选经费都由财团提供。由此可见，选举由政党操控，政党则由财团操控。通过这样的竞选逻辑，选民只能选择资产阶级某一利益集团的代表，不能也无法选择代表自身利益的代表去行使国家权力。所以，在这样的制度设计中，选民只是资产阶级不同利益集团实现其利益的工具。从美国政治制度基因上看，美国国父的制度设计初衷就是为了避免所谓的“多数人的暴政”，无论是三权分立，还是两党制，目的就是让少数政治精英控制国家政权，而把绝大多数人民排除在政权之外。不仅如此，金钱在选举中起到了关键作用。2010 年，美国最高法院裁决选举活动中通过捐款的方式助选。这种做法，意味着美国富人通过捐款影响选举结果得到了法律认同，也等于法律承认了总统和议会成了出资人参与的股份公司。这种政党操控的竞选发展到这个程度，普选制就完全成了富人的金钱游戏，与穷人没有多大关系了。马克思在分析资产阶级议会民主的实质时说："这就是容许被压迫者每隔几年决定一次究竟由压迫阶级中的什么人在议会里代表和镇压他们！"（转引自《列宁全集第 31 卷》）"我们在那里却看到两大帮政治投机家，他们轮流执掌政权，以最肮脏的手段用之于最肮脏的目的，而国民却无力对付这两大政客集团，这些人表面上是替国民服务，实际上却是对国民进行统治和掠夺。"（《马克思恩格斯选集第 3 卷》）美国加利福尼亚大学教授罗伯特·赖克在《资本主义是怎样扼杀民主的》一文中写道："说得明白一点吧：民主的目的是实现我们以个人之力无法实现的目标。但是，假如公司利用政治来加强或维护他们的竞争地位，或者貌似肩负起他们实际上没有能力或权力去履行的社会责任，那么民主就不可能完成这一任务。这样一来，社会就无法兼顾促进经济增长和消除社会难题这两者。"

所谓"三权分立"，实际上是为了实现资产阶级不同利益集团的利益均衡，防止一家独大形成专制，破坏民主，这是资产阶级政权内部的制衡机制，是资产阶级各大利益集团对国家权力的制度性分享机制，与下层民众无关。虽然资产阶级思想家、法学家、政治家对这个制度津津乐道，到处炫耀，说什么三权分立体现了人民主权，实际上，这个制度设计与人民主权、人民管理国家事务没有关系，制度设计之初就有意否定了人民主权原则，将下层民众排除在权力制衡体系之外，人民只有选择这一政党或那一政党的自由，选举之后对当权派构不成实质性的监督。关于三权分立的要义，美国开国元勋之一也是美国宪法起草人之一汉密尔顿在《联邦党人文集》中表示，要用一切手段防止多数穷人侵犯少数资产者的利益，要做到这一点，最好的办法并非封建专制的方式，而是使"社会本身将分为如此之多的部分、利益集团和公民阶级""使全体中多数人的不合理联合即使不是办不到，也是极不可能"，在他看来此办法"可用美利坚联邦共和国来作范例"。还有，三权分立在很多情况下，因相互制约掣肘，相互推诿扯皮，导致决策效率低下。但必须指出的是，这种情况只是发生在资产阶级内部。如果遇到涉及美国国家核心利益的重大事项，如发动对外战争、推行全球战略，"三权"又出奇地协调一致，决策和行动效率并没有因"三权分立"而降低。这说明在维护资本主义国家最高利益上、在维护资产阶级共同利益上，"三权"就并为"一权"了，因为不论多少权，归根结底都是资产阶级政权。

所谓"司法独立"，实际上是有名无实，它既没有超脱于政党政治，又没有独立于立法机构，更没有独立于以总统为首的行政系统。以美国为例，美国的司法权核心是审判权，但检察权并没有从行政权力中独立出来。因为美国的检察机构与司法部是合在一起的，司法部长同时履行检察长职责，因此检察权是行政权的派生权力，行政色彩浓厚。除此之外，美国法院系统也没有完全独立于国会、行政和政党政治。按照美国宪法，联邦最高法院大法官出现空缺时，总统对新人选有提名权，但须经参议院的司法委员会举行听证会审查，听证会通过后再经参议院会议投票表决，达到多数即可通过。事实上，最高法院大法官的提名和任命，历来是两党博弈的对象。最高法院大法官是不可能没有政治倾向性的，也正因为有明显的政治倾向性，才会得到某一政党的提名。被哪个政党提名，与哪个政党站在一边，为哪个政党服务，这个政治逻辑清清楚楚、毫不含糊。与美国共和党、民主党相对应，联邦最高法院大法官队伍分为保守派和自由派，人数比例为五比四。2000 年小布什（共和党）与戈尔（民主党）竞选总统，佛罗里达州的投票存在争议，于是上诉至州最高法院。佛罗里达州最高法院判戈尔胜利，因为该法院 7 名法官中有 6 名是民主党提名的。等到上诉至美国联邦最高法院后，小布什最终取得胜利，因为美国联邦最高法院大法官中共和党占多数，所以最终共和党竞选成功，小布什就任总统。这个例子揭穿了美国司法独立的神话。真实的美国司法不仅不能独立于政党政治，反而成为政党政治的工具。关键时刻，法官必须旗帜鲜明讲政治，站稳立场，绝不能模棱两可，否则就失去了提名机会。

所谓“军队国家化”，是西方实行多党制的产物。因为两党或多党通过平等竞争轮流执政，军队不能隶属于某一政党，这是多党制的内在逻辑使然。很显然，在多党制条件下，如果军队隶属某一政党，不仅国家和人民意志无法体现，而且无法公平竞争甚至会发生武装冲突，导致国家不安宁、政治不稳定，也违背民主共和制的初衷。所以，实行多党制必然要求军队在党派之间保持中立，不介入党派竞争。但是，“军队国家化”也好，“军队非党化”也好，军队为资产阶级统治集团服务、是资产阶级政权的工具这一根本性质并没有改变，多党制中的任何一个政党都属于资产阶级政党的阶级属性没有改变，无论哪个政党执政，国家的资产阶级本质没有改变。无论哪个政党执政，军队都要服务和听命于国家，而国家对军队的领导本质上就是资产阶级执政党对军队的领导，这种情况下，军队完全撇清与执政党的关系是不可能的。

### （二）推销宪政民主模式的实质及其后果

西方宪政民主在发展中，暴露出的问题越来越多，积累的矛盾越来越复杂尖锐，以致到了自身难以解决的程度，这其实是其内部固有矛盾的使然。但他们不去积极解决这些问题，反而沾沾自喜、自我欣赏、自我陶醉、自诩其政治模式如何优越、如何民主、如何代表着人类的文明进步。他们大言不惭地把自己封为上帝选民，以救世主自居，宣称有向其他国家输出政治模式的责任和使命。在这种思想驱使下，他们到处推销其民主政治制度，甚至在经济合作中也把对象国是否接受其政治模式作为先决条件，粗暴干涉别国内政，有时以武力相威胁或直接动武，给世界带来无尽的灾难。

这种向别国推行其政治模式的做法，本质上与传统殖民主义毫无二致，只是形式不同而已。近代殖民主义是以武力为手段进行扩张的，由此导致了两次世界大战，给人类社会带来巨大灾难。第二次世界大战，随着资本主义由国内垄断向国际垄断发展，西方国家改变了扩张方式，由武力征服为主变为制度和价值输出为主。这种政治制度输出并不像西方国家所宣扬的那样，是为了给别国带去民主自由、带去文明进步、带去经济社会发展，恰恰相反，是通过输出宪政民主，扩大其势力范围，实现其霸权主义战略目标。我们通过 2013 年《美国国家安全战略报告》和美国领导人的讲话，可以发现美国的霸权逻辑：只有把别国都变得“民主”了，我们美国才真正“安全”了。这个报告还说：“美国的政策是在每一个国家和文化中寻求并支持民主运动和民主制度，最终目标是结束世界上的专制统治。”“由于自由国家向往和平，自由的进步将使美国更为安全。”等等。

美国等西方国家以宪政民主为工具，在全球扩大势力范围。通过向别国推销宪政民主，干涉别国内政，甚至颠覆别国政权，是近年来美国为首的西方国家的惯用手法。2006 年，美国政府拿出 17 亿美元，用于支持资助非西方国家中“旨在寻求政治变革”的政治人物和政治组织，寻找代理人，扶持反对派，寻求和制造干涉乃至颠覆别国政权的机会，为此，美国还成立了负责实施此项战略的专门机构。可以说，从东欧剧变到苏联解体，从“颜色革命”到“阿拉伯之春”，从泰国乱局到乌克兰乱局，到处都少不了美国等西方国家的干涉。对此，美国《外交政策》杂志 2003 年发表的迪米特里·西梅斯文章指出：“苏联的分崩离析，消除了美国的国际行为受到的最主要的外在约束。在这种环境下，出现了一种新的乌托邦理想，即认为美国既有资格又有义务，在他认为适当的地方促进民主，必要时不惜运用武力。他们显然认为，只有发动一场世界范围内的持久革命才能满足美国的胃口。”于是，他们在全球各国，到处插手干预，到处煽风点火，打着民主人权的旗号，通过资助反政府组织、支持自由民主人士、培养留学人员、策划街头政治，进行意识形态渗透，制造社会动乱。一旦出现街头政治或反政府武装，他们就从幕后走向前台，指责国家领导人，否定现政权的合法性，对街头政治或反政府武装公开支持并提供经费物资和武器装备，直至颠覆他国政权，然后扶持其代理人组织新政权，最后将这些国家变为亲美政权，纳入其势力范围。

美国等西方国家推销宪政民主给输入国造成深重灾难。冷战结束后，那些接受宪政民主制度的国家，并没有实现他们所期待的繁荣进步和民主自由，而是经济凋敝、政治动荡、社会混乱、人民穷苦。在伊拉克，萨达姆政权被推翻十多年了，宪政民主制度从形式上也建立了，但是，经济衰退，政局动荡，恐怖活动猖獗，教派纷争不止，人民生活在水深火热之中。在利比亚，卡扎菲政权倒台后，人民所希望的政治民主、社会稳定、人民安宁的局面并未实现，相反，宗族仇恨加深，国家政权不稳，社会秩序混乱，人权被肆意践踏。在乌克兰，“橙色革命”发生后，推行政治民主和市场化改革，结果经济萎缩，国家债务沉重，政局混乱，国家分裂。但美国的霸权主义目的却真正实现了，终于把乌克兰纳入了以美国为首的西方势力范围，成为西方势力围堵俄罗斯的前沿阵地。

## 三、中国社会主义民主区别于宪政民主的本质特征

与资产阶级宪政民主相比，中国特色社会主义民主是更高形态的人民民主。它一方面吸纳了资产阶级宪政民主的进步合理成分，另一方面又坚持以人民为中心，坚持人民当家做主，实现了对资产阶级宪政民主的整体超越，形成了完整的制度体系。这个制度体系主要包括以下四个方面。

一是人民代表大会制度。人民代表大会制度是我国的根本政治制度。与西方宪政民主不同，各级人大代表及国家领导人选举所需经费由国家财政保障，人民群众平等行使选举权，平等享有被选举权。人民代表大会席位不按党派分配，各党派在中国共产党的领导下依法履行职责，决定重大事项。全国人民代表大会是国家最高权力机关，行使国家立法权，统一行使国家最高权力。地方各级人民代表大会是地方各级权力机关，统一行使各级地方国家权力。我国的“一府两院”由人民代表大会产生，对人民代表大会负责，接受人民代表大会监督，向人民代表大会报告工作，实行“议行合一”。人民代表大会制度是我国人民民主专政的最好的政权组织形式，充分体现了人民主权原则。

二是中国共产党领导的多党合作和政治协商制度。与西方国家的资产阶级政党不同的是，中国共产党是中国工人阶级、中国人民和中华民族的先锋队，代表最广大人民群众的根本利益，其初心和使命是为中国人民谋幸福，为中华民族谋复兴。中国共产党与各民主党派是亲密友党关系，是执政党与参政党的关系，有着共同的

思想政治基础。与西方宪政民主的政党制度不同的是，中国特色社会主义政党制度是共产党领导，多党派合作，共产党执政，多党派参政。各民主党派接受中国共产党的领导，不是西方的反对党、在野党，而是参政党。中国共产党与各民主党派共同致力中国特色社会主义伟大事业，共同致力中华民族伟大复兴。中国人民政治协商会议具有广泛的代表性，是中国共产党领导的统一战线组织。它紧紧围绕团结与民主两大主题，发挥政治协商、民主监督、参政议政职能，不断推进社会主义协商民主，就国家重大问题在决策之前进行充分协商，尽可能形成最大共识，取得一致意见。人民代表大会选举民主与人民政协协商民主共同构成了中国特色社会主义民主的两种重要形式。

三是坚持党对司法的领导与司法机关依法独立行使司法权的统一。我国司法制度与西方宪政民主的所谓司法独立不同，有着自己的充分体现人民主权、更加公正有效的司法体系。中国共产党领导人民制定宪法和法律，全国人民代表大会及其常务委员会负责监督宪法的实施，司法机关由人民代表大会产生，依法独立行使司法权，接受人民代表大会的监督和罢免，行政机关、社会团体无权干涉。同时，司法机关要接受党的领导，这种领导主要是政治上、思想上、组织上的领导，党支持司法机关独立公正行使职权，保障宪法正确实施，维护社会公平正义。

四是党对军队的绝对领导。中国人民解放军是中国共产党缔造和领导的人民军队，是社会主义民主政治制度的坚强柱石和可靠保障，是社会主义国家的武装力量。其职能有二：对内维护国家安全稳定，对外保卫国家主权和领土完整。与西方国家宪政民主宣称的“军队中立化”“军队国家化”不同，中国人民解放军坚持党性原则，它既是党的军队，又是国家的军队，是两者的统一。中国人民解放军忠于党、忠于人民、忠于国家是统一的，因为中国共产党与人民、与国家的利益目标是一致的。因此，必须坚持党对军队的绝对领导，这既是中国人民解放军的强军之魂，又是中国人民解放军的制胜之道，更是中国特色社会主义事业不断走向辉煌的法宝。

国内外一些人在中国竭力鼓吹“军队国家化”，目的就是让人民军队脱离中国共产党的领导，实质是用釜底抽薪的办法搞垮中国共产党，进而颠覆社会主义国家的政权。

“军队国家化”割裂了人民、政党、国家、军队之间的本质联系。在我们国家，人民、中国共产党、社会主义国家、人民军队之间的关系是统一的，不是对立的。中国共产党是最广大人民根本利益的代表，军队是中国共产党领导的人民军队，国家是中国共产党领导的各族人民的国家，政党、国家、军队都以人民利益为最高利益，这个最高利益都要靠中国共产党的领导来实现。中国人民解放军只有坚持党对军队的绝对领导，才能真正做到忠于党、忠于人民、忠于国家、忠于中国特色社会主义事业，才能真正履行保卫国家主权和领土安全、保卫人民安居乐业的神圣使命。

“军队国家化”违背了马克思主义关于国家的理念，削弱甚至取消中国共产党对人民军队的绝对领导，扰乱人们的思想，不利于国家长治久安。习近平总书记指出，我军之所以能够战胜各种艰难困苦、不断从胜利走向胜利，最根本的就是坚定不移听党的话、跟党走。这是我军的军魂和命根子，永远不能变，永远不能丢。军队党的建设的首要任务就是确保党对军队的绝对领导，这也是对军队党的建设的根本要求。

中国特色社会主义民主具有以下三方面特征：

第一，社会主义民主是对人民民主与对敌人专政的统一。所谓对人民民主，就是坚持以人民为中心，让人民当家做主，保障人民的民主选举、民主决策、民主管理、民主监督的权利。在中国共产党的领导下，让人民依法有序参与国家事务管理、社会事务管理和经济文化管理，对社会公共事务建言献策，依法享有宪法法律赋予的权利，履行宪法法律规定的义务。所谓对敌人专政，就是依法惩处国内外一切破坏社会主义事业、危害人民生命财产安全、破坏民族团结、颠覆国家政权、侵害国家主权和领土完整等犯罪行为，以维护法律尊严、保障公民权益、维护社会秩序。对人民实行民主与对敌人实行专政是对立统一、相辅相成的。只有对敌人实行专政，才能更好地保障人民民主，也只有最大限度地保障人民民主，才能更有效地对敌人实行专政。社会主义民主离不开集中，我们坚持民主基础上的集中和集中指导下的民主的统一。社会主义民主离不开法治，没有法治保障，人民民主无法实现，只有法治才能使人民民主制度化、法律化，为人民民主健康有序发展保驾护航。没有人民民主，法治难以实现以人民利益为导向，体现人民主权原则。社会主义民主随着经济社会发展不断拓展、不断完善、不断提升。

第二，中国特色社会主义民主是选举民主与协商民主的统一。2006 年，中央颁布《关于加强人民政协工作的意见》，第一次把社会主义两种民主形式写进中央文件：“人民通过选举、投票行使权利和人民内部各方面在重大决策之前进行充分协商，尽可能就共同性问题取得一致意见，是我国社会主义民主的两种重要形式。”前一种是选举民主，后一种是协商民主。社会主义协商民主，正如习近平总书记指出的那样，有事好商量，众人的事情由众人商量。社会主义协商民主是在中国共产党领导下，人民内部各方面围绕改革发展稳定重大问题和涉及群众切身利益的实际问题，在决策之前和决策实施之中开展广泛协商，努力形成共识的重要民主形式。在我国协商民主包括政党协商、人大协商、政府协商、政协协商、人民团体协商、基层协商以及社会组织协商等多种形式。也包括中央、地方、基层的各个层级的协商，都应围绕涉及人民群众利益的事展开协商。2012年，党的十八大报告提出“健全社会主义协商民主制度”“充分发挥人民政协作为协商民主重要渠道作用”。2015年，中共中央印发的《关于加强社会主义协商民主建设的意见》和中共中央办公厅印发的《关于加强人民政协协商民主建设的实施意见》提出：“社会主义协商民主是中国社会主义民主政治的特有形式和独特优势，是党的群众路线在政治领域的重要体现，是深化政治体制改革的重要内容。”“人民政协是社会主义协商民主的重要渠道和专门协商机构，是国家治理体系的重要组成部分。”可见，协商民主作为对选举民主的重要补充，不断完善着中国特色社会主义的民主形式，对于党和政府科学决策、正确决策发挥着重要作用，而协商民主的深化发展也是中国特色社会主义民主制度优越于西方宪政民主之所在。我们坚持把以人民代表大会为载体的选举民主和以人民政协为载体的协商民主紧密结合，推动中国特色社会主义民主不断发展。

第三，中国特色社会主义民主是坚持党的领导、人民当家做主和依法治国的有机统一。首先，必须坚持党的领导。中国共产党的领导是中国特色社会主义的最本质特征，也是最大优势。党的领导是人民当家做主、依法治国的根本保证，这里的政治逻辑是党领导人民制定宪法和法律，党领导人民执行宪法和法律，党自身必须在宪法和法律范围内活动。首先，必须保证人民当家做主。人民当家做主只有在党的领导下才能真正实现，同时，人民当家做主必须有宪法和法律做保障才能有序落实。宪法和法律是人民享有权利、履行义务的基本保证，因此必须依法保障公民享有的各项权利，维护最广大人民群众的根本利益，让人民有更多获得感、幸福感、安全感。其次，必须坚持依法治国、依法执政、依法行政的统一。宪法和法律是党领导人民制定的，因此维护宪法和法律尊严，就是捍卫党和人民意志的尊严，保证宪法实施，就是保证人民利益的实现。

## 四、坚定不移走中国特色社会主义民主政治道路

正确认识社会主义民主和宪政民主这两种民主的阶级本质。一要坚持阶级分析方法。社会主义民主的政治的本质和核心是人民当家做主，而中国共产党是中国工人阶级、中国人民和中华民族的先锋队，代表最广大人民群众的根本利益。所以，社会主义民主区别于宪政民主的最本质特征是它的人民性。而宪政民主，不论西方国家如何标榜自己，如何对此津津乐道，都掩盖不了同时改变不了其维护资产阶级利益的本质。所谓的多党制、三权分立、司法独立等制度，本质上不过是资产阶级内部的权力制衡和利益分配机制，目的是保证资产阶级统治的长治久安，普通劳动

人民仍然被排斥在政权之外，充其量充当一下资产阶级政党之间竞选的工具，对资产阶级宪政民主起到粉饰点缀的作用。二要坚持马克思历史唯物主义的立场和方法。习近平指出：“世界上不存在完全相同的政治制度，也不存在适用于一切国家的政治制度模式。‘物之不齐，物之情也。’各国国情不同，每个国家的政治制度都是独特的，都是由这个国家的人民决定的，都是在这个国家历史传承、文化传统、经济社会发展的基础上长期发展、渐进改进、内生性演化的结果。中国特色社会主义政治制度之所以行得通、有生命力、有效率，就是因为它是从中国的社会土壤中生长起来的。中国特色社会主义政治制度过去和现在一直生长在中国的社会土壤之中，未来要继续茁壮成长，也必须深深扎根于中国的社会土壤。”（2014 年 9 月 5 日，习近平在庆祝全国人民代表大会成立 60 周年大会上的重要讲话）习近平的讲话告诉我们，衡量一个国家政治制度的好坏，不能用抽象的政治伦理和价值标准，而应该看它是否契合这个国家的文化传统，是否符合这个国家的具体国情，是否适应这个国家的经济社会发展水平，还要看这个国家人民的意愿。中华人民共和国 70 年的发展历史和改革开放的成就告诉人们，中国特色社会主义政治制度是最有效率、最成功、最有生命力、最适合中国国情的制度，必须长期坚持，不断创新发展。三要抵制宪政民主思潮对我国的渗透和破坏。中国的发展令世界惊叹，中国的成就令西方国家忌惮。对于中国的发展奇迹，他们心态复杂，有嫉妒，有不屑；有恐惧，有蔑视；有傲慢，有忧虑。一方面在经济上离不开中国，需要与中国合作，一方面又看不惯中国的政治制度，总是说三道四，总觉得中国是另类，对他们会构成威胁，所以总是不遗余力、采取各种办法和途径向中国渗透推销他们的宪政民主，企图改变中国颜色，让中国实行与他们一样的政治制度，把中国纳入他们的势力范围，成为其附属。对此，我们必须提高警惕，认清宪政民主实质，看清西方国家对我国的西化、分化图谋，坚信中国特色社会主义民主政治的优越性，并不断予以发展和完善。

坚定不移走中国特色社会主义民主政治发展道路，积极推进政治体制改革。中国社会主义民主政治制度是中国人民自己的选择，有其历史必然性和合理性，其优越性和巨大生命力已经并将继续得到证明。我们还要随着经济社会的发展，不断进行政治体制改革。对此，党的十八届三中全会进一步明确了政治体制改革总目标：完善和发展中国特色社会主义制度，推进国家治理体系和治理能力现代化。这就告诉我们，中国的政治体制改革目标是致力中国特色社会主义制度的自我完善，既不走过去封闭僵化的老路，又不走改旗易帜的邪路，而是要坚定不移地走在中国共产党领导下，坚持人民当家做主、坚持依法治国的正确道路。推进政治体制改革，必须坚持党的领导。要坚持思想建党和制度建党的统一，不断推进党的建设伟大工程。

要坚持以人民为中心，坚持人民主体地位，坚持人民当家做主。不断拓展人民参与国家和社会事务管理的途径，提升参与层次、效率和质量，不断丰富人民民主内容和形式。要坚持依法治国，使人民民主制度化、法律化，推进法治国家、法治政府、法治社会一体化建设，向着国家治理体系和治理能力现代化的目标不断迈进。

# 第七章　抵御社会思潮对大学生影响的对策

## 一、用社会主义核心价值观引领各种社会思潮

（1）以社会主义核心价值观引领各种社会思潮，要坚持一元主导、多样并存和取其精华、去其糟粕的原则。

世界因多样而精彩、而丰富、而美好，世界也因具有统一性、一致性而有秩序、有规律，人类社会的思想领域也是这样，马克思认为，思想的多样性是常态。尤其是全球化时代，多元社会思潮共生共存有利于不同思想之间的交流、碰撞，有利于思想、文化、科技的创新。在多元社会思潮并存的背景下，如果引导得好，会增强社会活力，优化创新环境，推动思想解放。但是，在多样的社会思潮中，如果没有主导思想，社会成员在价值观上不能形成最大公约数，这个社会是失序的，甚至是混乱和撕裂的，不利于社会的和谐进步。建设社会主义核心价值体系，在多元多样中立主导，在交流交融中谋共识，在变化变动中坚持一以贯之，既肯定主流又正视支流，有利于形成既有国家统一意志又有个人心情舒畅，既包容多样又有力抵制各种错误思想和腐朽思想，既坚守基本的社会思想道德，又向着更高的目标前进的局面。

什么是我们这个社会的主导价值观呢？那就是社会主义核心价值观。社会主义核心价值观是中国人价值观的最大公约数。

社会主义核心价值观共 12 个词、24 个字，概括了国家的奋斗目标、社会的价值取向、公民的价值准则。富强、民主、文明、和谐是国家的价值目标，体现了国家的意志，是全体中国人民的共同价值追求；自由、平等、公正、法治是社会层面的价值取向，规定了社会秩序，是公民对社会的期待；爱国、敬业、诚信、友善是公民必须恪守的道德规范，也是评价公民个人道德行为的价值标准。这三个层面相辅相成、互相联系，形成了一个整体，简明扼要地回答了建设和培育什么样的国家、什么样的社会、什么样的公民的重大问题。

在深度开放背景下，多元社会思潮共存的条件下，我们必须以社会主义核心价

值观为主导，对多样的社会思潮既要包容，又要理性辨析批判，取其精华，去其糟粕。

对于各种社会思潮，我们必须客观看待，理性分析，不可简单粗暴地一棍子打死。实际上，任何社会思潮都有其产生的特定土壤和背景，甚至有的社会思潮表现了片面的真理，也同样是人类文明发展的成果，对于丰富、启迪人们的思想有一定的借鉴意义，也是发展马克思主义的思想素材。当然，总的说，当代各种社会思潮大都产生于西方资本主义社会，有其特定的背景和针对性，总体上与中国特色社会主义制度是格格不入的，任凭这些思潮泛滥，不去加以分析批判，是不利于中国特色社会主义事业的。对于这些社会思潮，必须以马克思主义为指导，吸纳其积极有益的一面，剔除其消极、腐朽甚至反动的一面，引导其发挥正面积极的作用。比如，功利主义思潮，如果不是走向极端化，功利主义并不是一无是处。功利主义务实不务虚，注重行为的实际效果，这是其特征之一。如果引导得好，完全可以把功利主义这种务实精神用到扎实做好本职工作上，用到为实现中华民族伟大复兴而努力奋斗上，用到做任何事情应以目标为导向上。只要这种功利主义能把个人利益与集体利益兼顾起来，把个人追求与国家需要统一起来，这样的功利主义就是积极的、有益的，是与社会主义核心价值观一致的。还有，享乐主义思潮，如果不是以享乐作为人生的唯一价值取向，只是在经济发展、社会进步、人民生活条件改善的前提下，在个人收入允许的情况下，适当改善生活，提升消费档次，提高生活品质，不仅完全是正常的，而且是经济良性发展的需要，是人们追求美好生活的体现，这种量力而行、健康积极的“享乐”与社会主义核心价值观并不矛盾，毕竟让人民生活幸福就是中国共产党的初心和使命，是中国特色社会主义事业的题中应有之义。当然，我们坚决反对不顾客观条件的享乐，反对把享乐作为人生唯一的价值追求，反对为了享乐而享乐，更反对沉溺于物欲而缺乏高尚精神追求的享乐。所以，对待西方社会思潮，要客观对待，理性分析，全盘接受当然错误，但一概否定，也不可取。

（2）社会主义核心价值观引领社会思潮的途径很多，主要有两个：一是加强核心价值观的研究和宣传，二是加强对社会思潮的研究、辨析和批判。

用社会主义核心价值观引领社会思潮，首先要深入研究社会主义核心价值观的理论内涵，做到既知其然又知其所以然。党的十九大报告指出：“社会主义核心价值观是当代中国精神的集中体现，凝结着全体人民共同的价值追求。”由此可见，把当代中国精神凝聚在 24 个字当中，其中蕴含着非常丰富的思想。因此，必须深入理解社会主义核心价值观的科学内涵、精神实质、逻辑构成和构建原则，探索社会主义核心价值观与中华优秀传统文化、革命文化、社会主义新文化、马克思主义文化的渊源关系，同时与西方的自由、民主、平等等价值理念做出区分。

社会主义核心价值观24个字，概括地明确了国家、社会、公民三个层面的价值目标、价值取向和行为准则，也集中表达了整个中华民族的共识，为各个阶层、各个民族、各个不同利益群体、干部和群众找到了最大公约数，提供了广泛接受的价值目标，这是中国特色社会主义事业不断发展的基本前提。

富强、民主、文明、和谐指的是我们国家的建设目标，处于社会主义核心价值观的最高层次，对社会和公民层面的价值理念起到统领作用。

富强属于我们国家经济建设的应然状态，是中华民族的美好理想，也是国家富强、人民幸福的物质基础。民主是人类社会的美好诉求，但社会主义民主是人民民主，本质是人民当家做主，是人民幸福生活的政治保证。文明是社会发展进步的核心标志，是社会主义国家文化发展进步的应有状态，也是中华民族伟大复兴的重要支撑。和谐属于中华优秀传统文化的重要理念，目标是创造学有所教、劳有所得、病有所医、老有所养、住有所居的美好局面。

自由、平等、公正、法治指的是社会建设目标，是社会层面的价值取向。自由包括人的意志自由、存在的自由和发展的自由。平等主要是指公民在法律面前一律平等，并不断实现实质平等。公正即社会公平和正义，它以人的解放、人的自由平等的权利的获得为前提，是国家社会应然的根本价值理念。公正包含公民参与经济、政治和社会其他生活的机会公平、过程公平和结果分配。自由、平等是公正的前提，公正则是和谐的保障。法治是治国理政的基本方式，是实现自由、平等、公平、正义的制度保证。

爱国、敬业、诚信、友善是公民的基本道德规范，是公民必须恪守的基本道德准则，也是评价公民道德行为选择的基本价值标准。爱国是调节个人与祖国关系的行为准则，要求人们以振兴中华为己任，促进民族团结、维护祖国统一、自觉报效祖国。敬业是要求公民恪尽职守，服务人民和社会，体现的是社会主义职业精神。诚信即诚实守信，是人类社会的道德传统，也是社会主义道德建设的重点内容，它强调诚实劳动、信守承诺、诚恳待人。友善强调公民之间应互相尊重、关心、帮助，努力形成社会主义的和谐人际关系。

社会主义核心价值观蕴含着人民对国家、社会、个人最核心问题的价值认同，在全社会持续地弘扬、培育、实践，有助于使全体社会成员形成积极正确的理想信念、价值追求和行为方式。社会主义核心价值观既要“知”，又要“行”。知易行难，努力践行显得更重要，因为从根本上讲，社会主义核心价值观主要不是知识体系，而是价值体系。所以，要从理论和实践结合上进行研究，既要弄清思想内涵，又要在践行的方式途径上进行研究，找到大学生践行核心价值观的正确途径，使核心价值观真正在大学生身上内化于魂、外显于行，让社会主义核心价值观成为大学生的自觉行动。

加强社会主义核心价值观的宣传教育，不断扩大和增强其渗透力、影响力、亲和力。先进的理念被人们接受并自觉践行，需要加大宣传力度。社会主义核心价值观让人们认同并自觉遵守，必须广泛宣传，深入教育，讲究方法，贴近生活，真正入脑入心。首先，加强社会主义核心价值的宣传教育，要用好报纸、杂志、电视等传统媒体。在校园宣传教育中，采取多样化活动形式，把握正确导向，弘扬主旋律，集聚正能量，巩固好舆论阵地，减少杂音干扰。其次，充分发挥校园网、手机、公众号、LED 显示屏等新兴媒体的作用，有计划、灵活地推送有关核心价值观的内容。要把握新兴媒体的传播规律和特点，找准大学生的需求点、关注点、兴奋点，尽量多运用互动的方式，真诚对话，平等交流，使社会主义核心价值观春风化雨般自然而然地深入人心。最后，通过提供高品位的公共文化产品宣传社会主义核心价值观。优秀的文艺作品总是以其丰富深刻的思想内涵和喜闻乐见的艺术形式影响大众。我们要多向大学生推荐内容和艺术性俱佳的文艺精品，通过读书会、讲座、研讨会方式，让大学生参与进来，在探讨交流作品的价值理念的过程中，使大学生学会辨识真假、善恶、美丑，从而形成正确的价值观。最后通过举办辩论会、论坛的方式，加入社会主义核心价值观内容，让大学生以自我教育的方式进行宣传。

让社会主义核心价值观深入人心、渗入血液、融入灵魂，进而成为行动自觉，需要一个漫长的过程，绝不是一朝一夕的事。因此，社会主义核心价值观的宣传教育要持之以恒，久久为功，切不可运动式的一阵子、一阵风。同时，价值观教育要坚持效果导向，以增强实效性为目标。价值观教育解决的是思想问题，而思想工作有一个特点，那就是在短期内，不论做得好与差，其效果似乎都不明显。但这并不等于说思想工作没有价值，而是说思想工作的效果有一个从量变到质变的过程，有一个由隐到显的过程，也有反复的过程，关键是扎扎实实，锲而不舍，咬定青山不放松。价值观教育虽有其长期性，但我们必须清楚，这个工作做和不做不一样，真做和假做不一样，深做和浅做不一样，时断时续地做与坚持不懈地做也不一样。功夫不负有心人，只要一步一个脚印地做下去，定会发生从量到质的飞跃。

培育和践行社会主义核心价值观是推进中国特色社会主义事业的题中应有之义，是实现中华民族伟大复兴的中国梦的题中应有之义，是关系中华民族千秋万代的基业工程、筑魂工程，使其经常化和长效化，保持稳定性和连续性非常重要。大学阶段是一个人价值观形成的关键阶段，而随着高等教育大众化水平的不断提高，接受高等教育的中国人必定越来越多，因此做好大学生核心价值观教育工作，尤其重要。

必须不断创新高等学校核心价值观教育的机制和方法，让大学成为公民核心价值观教育的重要阵地。

培育和践行社会主义核心价值观，应加强对各种社会思潮的研究、辨析和批判。随着我们国家的深度开放、全方位开放，西方社会思潮涌入我国，既是必然的，也是正常的。一厢情愿地认为向外开放，只要好的，不要坏的；只引进西方资本，不要西方思想；只要技术，不要西方价值观，事实上是不可能的。其实，我们向外开放，是全方位的，既要学技术，又要学管理；既引进优质企业，又借鉴先进思想。事实上，在与各种社会思潮的交锋中、斗争中、比较中，培育和践行社会主义核心价值观，更利于核心价值观的宣传教育，有利于丰富发展社会主义核心价值观的思想内涵。因为，任何正确思想都是在与其他各种思想的交锋比较中发展的，社会主义核心价值观也同样如此。关键是要以马克思主义的辩证唯物论和历史唯物论为指导，加强对西方社会思潮的研究，实事求是地做出评价，指导大学生科学认识和正确对待西方社会思潮。

应准确认识各种社会思潮的性质和特点。任何一种社会思潮的产生和流行，都有特定的社会条件。这种思潮有时是一种学术思想，有时是一种政治观点，有时是一种流行的行为模式，有时是一种理论主张，有时还是一种社会诉求。不论是哪种情况，都是社会意识的综合反映，是特定社会背景下的晴雨表和风向标，或大或小对人们的价值观念和思维方式产生影响。一要对社会思潮的流派、内容和观点进行分析，把握其实质；二是对这些思潮产生的历史背景和社会基础追本溯源，找到引发其产生的社会矛盾和社会热点；三是对这些思潮的性质、特点、内容、指向做系统分析，找出其积极和消极的一面，引导其发挥积极作用，消除不良影响。

应研究判断各种社会思潮的发展态势。一是了解不同社会阶级、阶层、群体的利益诉求。任何一种社会思潮都是特定社会阶级、阶层、群体利益诉求的反映，也都对该阶级、阶层、群体的社会诉求提供理论支持。改革开放以来，中国所有制形式发生重大变化，利益格局发生重大调整，社会阶层快速分化，不同的社会阶层其利益诉求是不同的，这都为各种社会思潮的产生、传播、流行和发挥影响力提供了适宜的气候和土壤，因此我们必须密切关注阶层分化引起的利益诉求的变化、价值观的变化，关注各社会阶层面临的矛盾、问题及困难，及时予以化解，从解决具体问题入手引领社会思潮走向，从而因势利导、趋利避害。二是关注社会热点和思想动向。某一社会思潮之所以在特定时空条件下流行，主要是因为这种社会思潮与某种社会热点和思想动向非常合拍，如改革开放过程中，产生的贫富差距问题、官员贪腐问题、教育不公问题、看病难看病贵问题、环境污染问题，等等。这些社会问题往往为某种社会思潮的产生、流行提供了社会条件，而一些人也往往借助某一社会思潮的某些观点用以表达自身诉求的理论根据。因此，引导社会思潮首先应从引导化解社会问题入手。三是对社会思潮做出科学预测。某一社会思潮因经济社会的发展变化而产生，也必然随着经济社会的发展变化而变化，或内容发生变化，或分化为不同流派，或逐渐式微乃至消亡。我们不可静止地看待某一社会思潮，应静观其变，科学判断其发展和走向，做出符合其发展规律的应对。

## 二、构建新时代大学生价值观教育的机制

习近平在全国高校思想政治工作会议上指出："我们的高校是党领导下的高校，是中国特色社会主义高校。办好我们的高校，必须坚持以马克思主义为指导，全面贯彻党的教育方针。要坚持不懈传播马克思主义科学理论，抓好马克思主义理论教育，为学生一生成长奠定科学的思想基础。要坚持不懈培育和弘扬社会主义核心价值观，引导广大师生做社会主义核心价值观的坚定信仰者、积极传播者、模范践行者。"在改革开放条件下，我国意识形态领域一元主导、多元并存将是常态，价值观多元也不鲜见。关键是我们要毫不动摇地坚持马克思主义在高校的主导地位，建立并完善大学生价值观教育的新理念、新机制、新方法，坚定不移地将社会主义核心价值观教育进行到底。

### （一）构建新时代大学生价值观教育机制的原则

#### 1．坚持以人为本的原则

所谓以人为本就是尊重大学生主体地位，从学生实际出发，既要教育人、引导人，又要鼓舞人、鞭策人；既要尊重人、理解人，又要关心人、帮助人，增强思想政治工作的说服力、亲和力和感染力。一要变硬性灌输为互动交流。传统的思想政治教育往往是填鸭式的，局限于课堂，局限于课本，局限于教师的一言堂，严重脱离学生实际，效果甚微，甚至还会引起学生的反感排斥心理。让价值观教育取得较好效果，必须树立科学的学生观，一切从学生实际出发，从把握学生思想动态、关注学生所思所忧入手，既要熟悉教材，又要熟悉学生；既能讲清理论观点，又能正确解释社会；既要解决理论难点，又要解决学生思想难点，这样，大学生价值观教育才会收到预期效果。二要由学生为客体向学生为主体转变。传统的教育理念，教师是主体，学生则以教师为中心，处于被动从属地位。这种教育理念已经远远不能适应现代社会了。现代教育倡导"主体间性"理念，即在教育活动中，教师与学生同为主体，两者的关系是两个主体之间的关系，是彼此相互影响、相互作用、相互成就的关系。

按照这个理念，教师与学生作为平等主体的双方，作为相互独立的精神个体，充分发挥其民主性、创造性、合作性、主动性等特点，不但能够在语言层面上你问我答，而且能在思想情感上进行实质性的碰撞、沟通与理解，使课堂成为一个跌宕起伏、和谐共生的“思想场域”。教师的职责由过去的“独奏”讲授变成伴奏与合奏。教师与学生主体间的精神交流活动，包括知识内容的传授、生命内涵的领会、意志行为的规范，学生自由地生成。主体间性理论要求我们要还大学生在教育活动中的主体地位，提高大学生在价值观教育中的主动性、主体性。三是在教育内容、教育手段上贴近大学生实际。要力避空洞的口号、枯燥的说教、抽象的理论，尽量从学生的学习、生活实际出发，从学生身边的小事着眼，从学生熟悉的典型事例入手，发挥榜样的作用，让学生自己感悟核心价值观对自己人生的指导作用，从而自觉进行核心价值观建构。

2. 坚持价值导向与利益导向相结合的原则

一是坚持价值导向。所谓价值导向，就是在大学生价值观教育中，坚持马克思主义的指导地位，持之以恒地将培育和践行社会主义核心价值观贯穿于大学生思想政治教育的全过程。当代中国的思想文化领域，既存在着西方社会思潮，又有中华传统思想文化的深厚积淀，既有红色革命文化的浸润，又有中国特色社会主义文化形态的蓬勃发展。在全球化、信息化、网络化时代，多元文化并存将是常态。但是，在推进中国特色社会主义事业的伟大进程中，在实现中华民族伟大复兴的道路上，必须坚持用一元主导多元，在多元社会思潮中坚持马克思主义的主导地位，在多样价值观中坚持中国特色社会主义理想信念，在多变思想格局中坚持社会主义发展方向。毫不动摇地将社会主义核心价值观教育贯穿于大学生思想政治教育全过程。二是在坚持价值导向前提下，注重利益导向。社会主义核心价值观倡导集体主义，但从不否认合理的个人利益，而且倡导集体主义，目的也是为了更好地实现个人利益。在社会主义制度下，集体主义与个人利益是统一的，而不是对立的。加强大学生价值观教育的同时，必须关心大学生的切身利益，将解决思想问题与解决实际问题结合起来。当代大学生面临着学习、生活、就业、婚恋、人际、经济等方面的困惑、困难甚至困境，价值观教育只有结合这些困难困惑的实际解决才有效果。既要坚持正确的价值导向，又要承认大学生正当个人利益的合理性，并切实帮助大学生解决这些难题，在解决难题中渗透价值观引导。

3. 坚持整体性原则

大学生价值观形成是多种因素相互作用的结果，因此大学生价值观教育机制的建构必须坚持系统思维，注重整体效果。影响价值观教育的任何一个因素成为短板，都会降低整体效果。所以，在大学生价值观教育的系统工程中，对各种要素要统筹兼顾，既要突出重点，又要系统推进。在影响价值观教育的诸多因素中，社会、家庭、学校是三个重要因素，三者必须相互配合，形成合力。

社会教育的特点在于其自然性。所谓自然性，即社会教育往往带有自发、无意、分散、无序、驳杂的特点，人在其中受到的影响是潜移默化的，但这个影响也是巨大的，因为社会教育往往通过实实在在的人和事影响着人们的价值观。我们要净化社会环境，弘扬社会正气，把握舆论阵地领导权，为践行社会主义核心价值观创造良好的社会环境。同时，要指导大学生正确认识社会，增强思想免疫力。

家庭教育的特点在于其长期性和传承性。家庭教育既是一个人的启蒙教育，又是伴随人一生的终生教育。从教育角度讲，家庭是一个人的第一个学校，家长是第一任老师。因此，父母乃至家庭成员的价值观对一个人价值观的形成极其重要。家庭教育的长期性，是与学校教育相比较而言的，孩子从出生起开始接受家庭教育，虽然在人生不同阶段，家庭教育的作用大小不一，但始终如影随形地伴随人的一生。家庭教育的传承性也称为延续性。人们在家庭里接受了父辈祖辈对自己的教育，长大成家后，也以同样的教育内容和方式教育自己的后代，用从父辈祖辈那里接受的价值观念和行为习惯，去影响教育自己的后代。因此，大学生价值观教育不可忽视家庭因素。

学校是大学生价值观教育的主阵地。学校教育具有方向明确、系统完整、科学规范的特点，是社会教育、家庭教育不可替代的，在三种教育中处于主导关键作用。所谓方向明确，是指各级各类学校教育在遵循党的教育方针的前提下，都有具体的育人体系、培养方案和教育教学计划，是国家意志的体现。所谓系统完整，是指不论是价值观教育还是知识能力教育，都有符合学生成长规律的教育教学计划。所谓科学规范，是指所有教育教学内容都是按照教育规律和学生发展规律设计的，内容是科学的、规范的。这就决定了学校教育在大学生正确价值观形成中的至关重要作用，党和国家的价值观教育主要通过学校来实现。

总之，社会教育、家庭教育、学校教育各有特点，是既相互作用又相互制约的统一体。加强大学生价值观教育，必须将三者紧密结合，使之密切配合，相互促进，在系统推进大学生价值观的教育中发挥各自的独特作用。

### （二）构建新时代大学生价值观教育的方法体系

多年来，我国在大学生思想政治教育包括价值观教育方面积累了许多富有成效的方式方法。这些方法在新的历史条件下，很多仍然是有效的，仍需要继续发扬光大。同时，还要结合新时代出现的新情况、新矛盾、新问题，进一步研究探索，对方式、方法和手段进行大胆试验、摸索创新，建立和完善与新时代大学生价值观教育相适应的方法体系。

1. **传统方法的继承与创新**

理论灌输法。所谓理论灌输法，也可称系统讲授法，是指有目的、有计划地对受教育者实施系统完整的教育的方法。大学生接受价值观教育必须具备一定的马克思主义理论基础，而马克思主义基本原理是完整的理论体系，接受这个理论体系必须通过系统的、按部就班的讲授，否则，大学生的理论知识就是支离破碎的，当然也就不能支撑大学生对社会主义核心价值观内涵的完整准确理解。说到“灌输”一词，人们首先想到的是枯燥乏味、空洞无趣，其实不然。第一，人类社会迄今为止，人们接受系统完整的教育，主要方法还是灌输法（系统讲授法），因为只有这个方法，接受的教育才是系统的、有效的。第二，灌输法并不必然导致枯燥乏味无趣，其效果如何，完全取决于教育者的能力和方法。运用灌输法把课讲得生动活泼、趣味盎然，学生喜欢听、教育效果好，这样的教育、这样的教师大有人在。关键不在于这个方法本身，而在于使用这个方法的施教者的能力素质。

社会主义核心价值观的表述虽然仅仅 24 个字，但有着深刻丰富的理论内涵和严密完整的逻辑体系，准确领会其内涵必须运用灌输法，必须通过课堂系统讲授方式进行价值观理论教育，这是大学生价值观教育中不可缺少的重要环节。2004 年，《中共中央国务院关于进一步加强和改进大学生思想政治教育的意见》文件指出：“高等学校政治理论课是大学生思想政治教育的主渠道，是帮助大学生树立正确世界观、人生观、价值观的重要途径，体现了社会主义大学教育的本质要求。”习近平在学校思想政治理论课教师座谈会上提出：“推动思想政治理论课改革创新，要不断增强思政课的思想性、理论性和亲和力、针对性。要坚持政治性和学理性相统一，以透彻的学理分析回应学生，以彻底的思想理论说服学生，用真理的强大力量引导学生。要坚持价值性和知识性相统一，寓价值观引导于知识传授之中。要坚持建设性和批判性相统一，传导主流意识形态，直面各种错误观点和思潮。要坚持理论性和实践性相统一，用科学理论培养人，重视思政课的实践性，把思政小课堂同社会大课堂结合起来，教育引导学生立鸿鹄志，做奋斗者。要坚持统一性和多样性相统一，落实教学目标、课程设置、教材使用、教学管理等方面的统一要求，因地制宜、因时制宜、因材施教。要坚持主导性和主体性相统一，思政课教学离不开教师的主导，同时要加大对学生的认知规律和接受特点的研究，发挥学生主体性作用。要坚持灌输性和启发性相统一，注重启发性教育，引导学生发现问题、分析问题、思考问题，在不断启发中让学生水到渠成得出结论。要坚持显性教育和隐性教育相统一，挖掘其他课程和教学方式中蕴含的思想政治教育资源，实现全员全程全方位育人。”中央文件和习近平的讲话，都表明理论灌输在大学生思想政治教育中的重要性，只是要不断改进和创新理论灌输的方式方法，贯彻落实“八个相统一”。系统的大学生价值观教育也必须贯彻落实好习近平提出的“八个相统一”。

实践教育法是指通过有目的、有计划地组织大学生参加社会实践活动进行价值观教育的一种方法，亦称实践锻炼法。这个方法源于马克思主义的认识论和实践论，是把改造主观世界与改造客观世界结合起来的科学方法。马克思指出：“人的思维是否具有客观的真理性，这不是一个理论的问题，而是一个实践的问题。人应该在实践中证明自己思维的真理性，即自己思维的现实性和力量，亦即自己思维的此岸性。关于离开实践的思维是否具有现实性的争论，是一个纯粹经院哲学的问题。”毛泽东在《新民主主义论》这篇文章中指出：“真理只有一个，而究竟谁发现了真理，不依靠主观的夸张，而依靠客观的实践。只有千百万人民的革命实践，才是检验真理的尺度。”总之，真理来自实践，实践检验真理，实践也发展真理。

纸上得来终觉浅，绝知此事要躬行。实践活动是主观见诸客观的活动，是理论联系实际的活动，是验证所学知识和理论的活动，不论知识教育还是价值观教育，实践都是不可或缺的环节。尤其是社会主义核心价值观教育，社会实践尤其重要。社会主义核心价值观的12个概念，是非常具体的，必须结合社会实践去理解。比如，怎样理解平等、自由？怎样理解公平、正义？只有通过实实在在的社会生活才能切实把握。

实践教育包括劳动教育、社会考察和社会服务。劳动教育就是通过组织大学生参加生产劳动和公益性劳动，让大学生体会劳动的价值，培养尊重劳动、尊重人民的情感，树立艰苦奋斗的作风，抵御好逸恶劳的腐朽思想。社会考察活动就是大学生走到生产生活第一线，深入工矿企业、田间地头、医院学校、社区村舍，了解各行各业改革开放情况及干部群众的思想状态，验证所学知识，感受社会现实，增加社会阅历，提高对错误思想的辨识能力。社会服务活动，也是一种志愿活动，是大学生利用业余时间，根据自身条件，为社会提供的一种无偿服务的活动，如2008年北京奥运会，许多大学生参加了志愿活动，无偿为大会提供服务。在上海举办的首届中国国际进口博览会，也招募了许多大学生志愿者为大会提供服务。这种社会服务活动，使大学生既检验了书本知识、升华了道德情感、加深了对社会的认识，又提高了实际工作能力、规则意识和奉献精神，弥补了理论灌输的不足，深化了对社会主义核心价值观的理解。

典型教育法。这种方法是通过发现或树立某方面正面的典型人物或典型事例，以典型人物的先进事迹和思想境界影响受教育者，从而提高受教育者价值观念的方法。马克思主义认为，事物发展是不平衡的，人的进步有先有后。典型教育法就是通过树立典型，让人们学有榜样，赶有方向，激励先进，鞭策后进，达到共同进步的目的。典型教育法的特点在于鲜活、具体、形象，能显著增强思想政治教育的感染力、说服力和可信度。运用典型教育法，一要确保典型的真实性、可靠性。典型人物及其先进事迹，必须确有其人，确有其事，不可夸大其词，不可凭空捏造，更不可为了树立典型而制造典型。二要注重典型的时代感。所谓典型的时代感，就是典型反映了时代精神，是社会进步的标识，集中展现着当代主流价值观，承载着当代大学生的正面诉求和积极向上的力量，一定程度上用行动回答了当代大学生的困惑和迷茫，是大学生前行的标杆。这样的典型才能引起大学生的思想共鸣，才有催人奋进的榜样力量。三要注重典型的亲和力。典型与大学生面对同样的时代、同样的人生课题甚至同样的困难，有着大致相同的人生经历，这样的典型更亲近、更人性、更可信，大学生从感情上易于认同，从思想上易于理解。典型是熟悉的陌生人，才会令大学生见贤思齐，收到良好的教育效果。

心理咨询法是指在大学生思想政治教育中，综合运用心理学方法，解除受教育者思想困惑或心理迷茫的一种方法。这种方法主要有以下几种：一是个别咨询。即心理咨询人员与咨询对象以一对一的方式，在私密的环境下进行。这种方式可以使咨询对象放下心理负担，轻松自然地向心理咨询师倾诉自己的困惑和迷茫，心理咨询师有针对性地提出建议，双方的沟通在一种信任友好的氛围中进行，既有效解决了问题，又保护和维护了咨询对象的隐私和尊严。二是团体咨询。这种咨询方法主要针对大学生群体中比较共性的心理焦点问题，通过报告会、座谈会等小型集会的方式进行咨询疏导，特点是问题集中、受众广泛。三是门诊咨询。这是大学生普遍欢迎的方式。这种方式可以通过电话、微信等方式一对一地进行交流，亦可直接上门与咨询师单独沟通。四是现场咨询。即心理咨询师直接深入教室、宿舍，以谈心聊天的方式，与大学生现场交流沟通，解答大学生的思想和心理问题。

运用心理咨询法达到预期效果，一要心理咨询师与咨询对象之间建立相互信任的关系，咨询对象敢于倾诉真实的心理问题，心理咨询师才能对症下药，这是进行有效咨询的前提。二要心理咨询师具备扎实全面的心理学专业知识，能根据不同的心理问题进行综合分析，提出科学的具有个性化的心理疏导建议。此外，心理咨询师应具有丰富的从业经验。三是心理咨询师除了具备扎实的心理学专业知识外，还应熟悉思想政治教育工作，对思想政治教育的规律和特点有相当的了解，把心理学知识与价值观教育有机结合，才能收到好的效果。四要对心理咨询效果要跟踪了解，及时回访。人的思想问题的解决不是一劳永逸的，反复、反弹是正常现象。必须通过回访，不断纠正其思想偏差，校正其立场观点，巩固心理咨询成果。

情感陶冶法。这种方法重在突出情感和环境两个因素，通过情境的暗示、教育者人格力量的感染、优秀文艺作品的熏陶，使大学生在耳濡目染中受到教育，从而形成正确的的价值观念。这个方法主要有以下三个途径：一是增强教育者的人格力量。我们常说，“身教胜于言教”“桃李不言，下自成蹊”“亲其师，信其道”……都是讲教育者本身的思想境界、政治素质、道德风范、人格魅力对受教育者的无声影响。事实上也的确如此，教育者有很高的威望，有较强的人格魅力，有高山仰止、景行行止的风范，受教育者自觉不自觉地就会受到影响，自然而然地以之为楷模、为标杆，模仿之，学习之。所以，教育者不能是两面人，其本身应该是所讲理论的信奉者、践行者，如果教育者本身都不信奉不践行，怎能去要求受教育者呢？！所以，我们必须对教育者本身进行价值观教育，使之具有坚定的理想信念，坚信社会主义核心价值观并努力践行，只有这样，受教育者才能在其一以贯之的言传身教中受到影响和教育，并内化为稳定的价值观。习近平对学校思想政治理论课教师提出了六点要求，即政治要强，情怀要深，思维要深，视野要广，自律要严，人格要正（2019年3月18日习近平在全国学校思想政治理论课教师座谈会上的重要讲话）。习近平的要求深刻地说明教育者本身的思想政治素质和人格修养在育人中的重要作用。二是创设良好的教育情境。我们倡导在教书育人、管理育人之外，还应环境育人。人是环境的产物，古人云：“蓬生麻中，不扶而直；白沙在涅，与之俱黑。”正确价值观的形成离不开良好的校园环境、生活环境和社会环境，培养大学生正确的价值观，需要创设良好的校园文化、班级文化、公寓文化，让大学生每天浸润于积极健康、昂扬向上的环境氛围中，长期受到正能量的激励熏陶，这样会收到事半功倍之效。三是发挥优秀艺术作品的作用。要以科学的理论武装人，以正确的舆论引导人，以高尚的精神塑造人，以优秀的作品鼓舞人。文艺作品影响人的方式是以情感人，我们要运用文艺作品这个特点，有计划地向大学生推荐优秀的文艺作品，为大学生提供思想和艺术质量上乘的精神食粮，使之在大学生价值观教育中发挥独特作用。在思想政治教育实践中，思想政治工作者创造了许多行之有效的方法，如交往教育法、冲突缓解法、自我教育法、生活指导法、启发疏导法、激励教育法等，这些方法都有明显效果。我们坚持一把钥匙开一把锁的原则，根据教育对象和内容，灵活采用相应方法，切不可拘于一法。

2. *要善于突破老方法，尝试新方法*

在中国特色社会主义进入新时代的背景下，影响大学生价值观教育的内外部条件都发生了变化，教育的内容、方向、目标都在调整，大学生价值观也在不断变化，为了适应这一新形势、新情况、新问题，大学生价值观教育必须尝试探索新方法。

分类教育法。这个方法是有理论依据和现实依据的。从理论上讲，世界上万事万物是千差万别的，即使是一片树叶，也没有完全一样的。从现实上讲，大学生个体在生源基础、家庭背景、专业方向、学习成绩、先天秉赋等方面存在着差异。大学生价值观教育不可“一刀切”，应由“一刀切”向因材施教转变，从面向大众向面向小众转变。有人提出，根据大学生成长规律，根据群体不同进行分层教育，按年级不同进行分阶段教育，以提高价值观教育的针对性。这是有科学道理的，也是切实可行的。按照这个思路，可以从以下三方面入手：一是因材施教、分层提高，针对不同群体进行教育。将大学生从年级、专业、方向进行划分，合并同类项，针对同一小群体进行价值观教育，提高教育效率和效果。二是做好调查研究，针对不同问题进行教育。可以通过问卷统计、访谈调查的方式，全面了解大学生关注的社会热点问题、关心的个人困惑困难问题，将这些问题归类，然后结合这些问题进行价值观教育。三是通过身边典型案例进行教育。这些典型案例应实实在在，发生在身边，发生在同伴身上，发生在当下，鲜活生动，真实亲和，易引起共鸣。

无意识教育法，亦称隐性教育法，是与显性教育相对而言的。这种方法的特点是，受教育者并没有感觉到自己在受教育，但在特定氛围和情境中，受教育者潜移默化地受到影响、感染和熏陶，这种润物无声的教育，往往更持久，更扎实，更有效，更易于被大学生接受。这种教育具有三方面优势。一是内容的渗透性。如果说显性教育重在灌输，那么，隐性教育就重在渗透。显性教育是硬性的、直白的、直接的，隐性教育是内隐的、迂回的、间接的。隐性教育方法要求我们，第一，以疏代堵，疏堵结合。价值观教育中最关键的就是让受教育者心悦诚服地接受教育内容。诸多经验告诉我们：“疏导式”教育模式比对受教育者粗暴的“堵截式”教育模式效果要好。第二，以隐辅显，显隐结合。当下采取显性教育方式较多，而往往忽视了隐性教育模式。隐蔽性教育要求在发挥隐性教育对显性教育的辅助作用，于潜移默化中发挥教育作用。第三，变他律为自律，他律与自律结合。他律是外在约束，带有强制性；自律是自我约束，带有自愿自主性。二是手段的暗示性。所谓暗示性，就是教育者不明示目的，而是通过寓教于乐、寓教于情、寓教于境的方式，以暗示诱导的方法使受教育者在不知不觉中受到教育。三是途径的开放性。隐性教育是教育者选择或创设特定情境氛围，影响感化受教育者，而这种情境可以是学校，也可以是家庭，还可以是社会。选择什么情境，根据教育对象和教育内容而定，因此隐性教育环境无处不在，具有开放性特点。由此可见，隐性教育符合大学生的心理规律、认知规律，是显性教育的必要补充，与显性教育优势互补、相得益彰，在大学生价值观教育中发挥独特作用。

网络教育法。互联网时代，大学生成为使用网络的主体，这就为运用网络进行大学生价值观教育创造了条件。网络教育具有以下优势：一是合理、科学、自由安排学习时间。网络具有超时空性，可以自由选择学习内容、自由选择学习时间，不受课堂限制，不受课表限制。二是可以自己制订学习计划，自行安排进度。有时间多学，无时间少学；状态好时多学，疲劳时少学或不学；无事时多学，有事时少学，真正实现了我的学习我做主。三是网上资料丰富，可以随时查阅，作为课堂的有益补充。教育者可以在网上解疑释惑，与学生互动。大学生可以敞开心扉谈自己的想法、观点，同学间可以展开讨论交流，教育者通过交流平台可以了解到大学生真实的思想动态，为进行有针对性的价值观教育积累真实鲜活的素材。运用网络教育法进行价值观教育，还应注意做好以下几点：一是开发建设以大学生价值观教育为主题的网站。网站内容应生动活泼、喜闻乐见，贴近大学生实际，使大学生愿意访问网站。二是增强网络教育的参与性、互动性、民主性。设置聊天室、答疑台、论坛，发挥其作用，让更多的大学生参与进来，交流思想，解疑释惑。三是及时更新内容。网站的生命力在于“新”，在于与时俱进，必须紧跟社会热点，随时捕捉鲜活案例，避免面孔陈旧、老生常谈、落后时代。四是与世界接轨，与全球同步。借鉴国际先进理念，打开视野，拥抱世界，及时了解借鉴国际上有价值的价值观教育理念，为我所用。

## 三、优化大学生成长的社会环境

在改革开放的背景下，加强大学生思想政治教育，培育和践行社会主义核心价值观，正确引领社会思潮，必须优化社会环境。

### 1. 加强意识形态安全教育

中华人民共和国成立初期，以美国为首的西方国家不承认中华人民共和国的合法地位，对当时的中国实行政治孤立、经济封锁、军事包围的遏制打压政策，企图将新中国扼杀在摇篮之中。抗美援朝战争中中国军队打出了国威军威，美国调整国际斗争战略，开始把意识形态斗争提到重要地位。1957 年 4 月 23 日，美国国务卿杜勒斯在纽约发表演讲，正式提出和平演变社会主义国家的六项政策。1957 年 6 月，杜勒斯在旧金山记者招待会上发表演讲宣称资本主义世界要有这样一个基本信念：“如果它（苏联、东欧和中国等社会主义国家）继续要有孩子的话，而他们又有孩子的话，他们的后代将获得自由。”这就是通常所说的西方帝国主义把和平演变的希望寄托在共产党第三代、第四代人身上。在杜勒斯的鼓吹下，美国艾森豪威尔政府正式提出了“和平取胜”战略，以促进苏联和共产党内部的变化。从此，以美国为首的西方国家，把意识形态斗争作为和平演变中国的战略一直没有改变。他们千方百计地妄图通过没有硝烟的战争兵不血刃地对中国“不战而胜”，实现推翻共产党的领导、颠覆社会主义国家政权、取消马克思主义的指导地位的目的。他们在思想文化领域，通过广播、电视、电影、书刊、艺术、网络等多种途径，采取资助课题研究、邀请参加会议等方式，全方位、多渠道、不间断地对我国实行和平演变战略，企图使我国思想多元化、政治西方化、经济私有化。他们把自由、民主、人权包装成普世价值，极力向我国渗透和推销，利用民族宗教问题，打着双重标准，歪曲事实，散布谣言，攻击社会主义意识形态，丑化中国共产党形象，为“港独”“疆独”“藏独”撑腰打气，试图挑起“颜色革命”。

在意识形态斗争中，当代各种社会思潮是西方敌对势力利用的工具。社会思潮具有理论性、价值性、群体性、传播性等特点，最易向高校聚集，大学生也最易对社会思潮产生好奇，因此也最容易受到影响。特别是当代各种社会思潮大都源于西方资本主义国家，体现的是资本主义意识形态的核心理念，表达的是资产阶级主流价值观。例如，新自由主义经济上主张私有化，思想上主张多元化，政治上主张多党制，哲学上主张个人主义；普世价值思潮意在以“普世”之名向全世界推销资产阶级的自由、民主和人权，以所谓的“普世价值”干涉他国内政，策划“颜色革命”，用“人权高于主权”的大棒，推行霸权主义，扩展势力范围；宪政民主是资产阶级的政权组织形式，体现的是资产阶级的利益，与中国特色社会主义民主政治有本质区别。西方国家和国内个别人推销宪政民主的根本目的是要取消中国共产党的领导，取消人民当家做主，颠覆社会主义国家政权。历史虚无主义思潮以“虚无”中国革命历史为手段，对中国共产党的执政合法性采取釜底抽薪之策，目的还是要颠覆中国共产党的领导和社会主义制度。这些具有资产阶级性质的社会思潮都是西方国家对我国实行和平演变的工具，消解着马克思主义在我国意识形态的指导地位，对我国社会主义意识形态构成了严重威胁，给人们特别是大学生的价值观带来巨大冲击，必须严肃对待。

在西方国家对我国进行西化、分化和和平演变斗争中，大学生是争夺、渗透的重点对象。他们总是利用我国在改革开放中的失误或问题，攻其一点，不及其余，放大缺点，抹杀成绩，借此否定中国共产党和中国特色社会主义，鼓吹和美化西方政治模式、社会制度和价值观，从而动摇大学生对马克思主义的信仰、对中国特色社会主义的信念，以达到其和平演变目的。意识形态关涉党和国家长治久安。习近平一针见血地指出：“苏联为什么解体？苏共为什么垮台？一个重要原因就是意识形态领域的斗争十分激烈，全面否定苏联历史、苏共历史，否定列宁，否定斯大林，搞历史虚无主义，思想搞乱了，各级党组织几乎没任何作用了，军队都不在党的领导之下了。”戈尔巴乔夫的“新思维”搬用西方自由主义价值观，彻底放弃马克思主义的指导地位，抛弃社会主义意识形态话语体系，导致意识形态不能对苏共执政合法性进行合理解释，于是意识形态保护苏共政权的功能彻底丧失，最后导致苏共政权大厦的坍塌。苏共垮台、苏联解体，以活生生的事实证明了意识形态对一个政权和制度的极端重要性。

大学生是中国特色社会主义的建设者和接班人，是实现中华民族伟大复兴宏伟目标的中坚力量，因此他们的理想信念、价值追求如何至关重要。而大学时期又是一个人理想信念价值观形成的关键时期，如何在各种社会思潮流行的背景下，引导大学生树立马克思主义世界观、践行社会主义核心价值观，对大学生进行意识形态安全教育，系好人生第一粒扣子，进而使大学生正确分析、辨识、批判各种社会思潮，抵制其负面影响，吸纳其合理成分，尤为重要。

第一，要坚定“四个自信”，增强对社会主义意识形态的认同。胡锦涛在党的十八大报告中指出：“中国特色社会主义道路，中国特色社会主义理论体系，中国特色社会主义制度，是党和人民九十多年奋斗、创造、积累的根本成就，必须倍加珍惜、始终坚持、不断发展；全党要坚定这样的道理自信、理论自信、制度自信。”在此基础上，习近平在庆祝中国共产党成立九十五周年大会上发表重要讲话指出：“坚持不忘初心、继续前进，就要坚持中国特色社会主义道路自信、理论自信、制度自信、文化自信，坚持党的基本路线不动摇，不断把中国特色社会主义伟大事业推向前进。”习近平在“三个自信”的基础上增加了文化自信。文化自信与道路、理论、制度自信是相互联系、不可分割的整体，而文化自信是更基础、更深厚、更广泛的自信。“四个自信”的重要论述，凸显了中国特色社会主义的文化根基、文化本质和文化理想，标志着我们党对中国特色社会主义有了更加明确而开阔的文化建构。我们必须教育大学生深刻理解“四个自信”，更加坚定“四个自信”。

一是教育大学生坚定中国特色社会主义道路自信。在中国近现代史上，不论是清朝末年康、梁发起的维新变法，还是孙中山领导的辛亥革命，资本主义道路都没有走通，充分说明中国国情没有资本主义生长发展的土壤。中国共产党成立后，把马克思主义的基本原理与中国实际相结合，带领全国人民，浴血奋战，前仆后继，推翻了三座大山，为中华民族伟大复兴奠定了基本政治前提。中华人民共和国成立后，党领导人民继续独立自主、自力更生、艰苦奋斗，取得了建设、改革的一个又一个伟大胜利，开创和发展了中国特色社会主义道路。这条道路来之不易，是在改革开放的伟大实践中走出来的，是在中华人民共和国成立的持续探索中走出来的，是在对近代以来中华民族发展历程的深刻总结中走出来的，是在对中华民族悠久文明的传承中走出来的，具有深厚的历史渊源和广泛的现实基础。道路关乎党的命运、国家的前途、民族兴衰、人民的福祉。我们必须教育大学生深刻了解中国历史，把握中国国情，坚持改革开放，坚持四项基本原则，坚定中国特色社会主义道路的信念和信心，立志为建设富强、民主、文明、和谐、美丽的社会主义现代化国家而奋斗。

二是教育大学生坚定中国特色社会主义理论自信。理论问题关乎党的性质、关系国家发展、民族复兴和人民安康的重大问题。马克思主义理论传入中国后，与中国的革命、建设和改革相结合，产生了毛泽东思想、邓小平理论、“三个代表”重要思想、科学发展观以及习近平新时代中国特色社会主义思想，系统回答了在中国建设什么样的社会主义、怎样建设社会主义；建设什么样的党、怎样建设党；实现什么样的发展、怎样发展；新时代坚持和发展什么样的中国特色社会主义、怎样坚持和发展中国特色社会主义等重大问题。这些理论构成了中国特色社会主义理论体系，这个理论体系是中国化了的马克思主义，是继承和发展了的马克思主义，是与时俱进的马克思主义。要教育大学生深入学习领会把握中国特色社会主义理论，特别是要学习把握习近平新时代中国特色社会主义思想，坚定中国特色社会主义理论自信，增强对中国特色社会主义理论的认同感，并不断发展中国特色社会主义理论。

三是教育大学生坚定中国特色社会主义制度自信。由于不同国家历史和国情的差异，每个国家的制度都具有不同于别国的特性，任何一个国家的制度只能是也必然是其历史传统、经济社会长期发展、内生演进的结果。中国特色社会主义制度只能产生于中国的土壤，受到中国特定国情的制约。当然，我们在坚持和发展中国特色社会主义制度过程中，需要比较、甄别、学习、借鉴，但这种比较和借鉴不是对标，不是看齐，而是学习其发展经验，体悟其发展智慧，把握其发展规律。特别需要警惕的是，不能将西方资本主义制度模式、发展模式定于一尊。中国特色社会主义制度没有现成模式，只能根据中国国情，借鉴人类文明有益成果，在独立的自主基础上消化吸收，化为中国特色的东西，才具有生命力。我们要教育大学生：中国特色社会主义制度是经过实践检验的，是中国人民在改革开放实践中逐步摸索出来的，是最适合中国国情的制度。要教育大学生从中国实际出发，不要轻易被资产阶级自由化思想迷惑，只有坚持和发展中国特色社会主义制度，中华民族伟大复兴才能实现。

四是教育大学生坚定中国特色社会主义文化自信。文化自信是一个民族对自身文化价值的充分肯定和积极践行。习近平指出：“文化自信，是更基础、更广泛、更深厚的自信。在 5 000 多年文明发展中孕育的中华优秀传统文化，在党和人民的伟大斗争中孕育的革命文化和社会主义先进文化，积淀着中华民族最深层的精神追求，代表着中华民族最独特的精神标识。”这说明，中华优秀传统文化、革命文化、社会主义先进文化是构成中国特色社会主义文化的三个来源。中华优秀传统文化是中华民族的根和魂，是坚定中国特色社会主义文化自信的根基。革命文化是中国人民在五四运动后，在中国共产党的领导下，在推翻三座大山的新民主主义革命中形成的，是以救亡图存、奋发图强、民族独立、人民解放为价值取向的文化形态。社会主义先进文化是中华人民共和国成立以来特别是改革开放以来，在改革开放和社会主义现代化实践中孕育出来的，是以改革创新和社会主义核心价值观为核心内容的文化形态。我们要教育大学生坚守中华文化立场，培育和践行社会主义核心价值观，继承中华优秀传统文化，弘扬革命文化，创新发展社会主义文化，坚定中国特色社会主义文化自信。

第二，抵制各种西方社会思潮的渗透。西方社会思潮的传播作为资本主义和平演变战略的一种手段，具有隐蔽性和渗透性等特点。它不像军事干涉那样刚性和直观，可以被第一时间感知，西方社会思潮的传播蔓延往往是柔性的、潜移默化的。首先，西方社会思潮的传播载体具有隐蔽性特征。西方社会思潮往往通过大众文化和大众艺术形式等对大学生产生影响。大众文化具有感性化、娱乐化特点，而大学生恰恰容易被那些浅层次、娱乐化的事物吸引，以致降低精神境界，扭曲价值观念；还有一些大众文化用炫目的娱乐外衣模糊是非界限，淡化道德底线，消解大学生的理想信念和价值观念。其次，西方社会思潮的传播途径具有广泛性特征，大学生可以通过电影、电视、广播、杂志、网络等多种渠道，随时随地接触到西方社会思潮。尤其是互联网的全球互通，使西方社会思潮的传播更是无孔不入。在这些大众媒体上，西方敌对势力可以肆意宣传他们的资本主义思想，在没有防范和引导的情况下，大学生的阅历和理论素养还不足以看清其真实企图和不良用心，往往在不知不觉中接受一些错误理论和腐朽思想。最后，西方社会思潮的传播过程具有非强制性，它们往往披着文化外衣，打着交流旗号，在潜移默化中扩散，这种柔性渗透使大学生没有逆反心理、更易接受。针对西方社会思潮这些特点，我们对大学生进行意识形态安全教育时，更应该提醒大学生提高警惕，正确认识西方社会思潮反映的阶级利益、思想实质和政治诉求，抵御其渗透，防止其腐蚀，保证社会主义意识形态安全。

第三，改进高校意识形态安全教育内容方法。目前，高校普遍重视意识形态安全教育，但方法单调，渠道单一，措施不够得力。虽然思想政治理论课是意识形态安全教育的主要方式，但由于思想政治理论课教育手段、方法、模式的落后，教育效果有待提高。从专业来看，人文社会学科特别是政治法律学科因与意识形态更接近，所以涉及意识形态安全教育多一些，而理工农医专业本身因与意识形态内容关系不够密切，所以涉及意识形态安全教育就少一些。因此，面对复杂的国内外形势，大学生意识形态安全教育刻不容缓，高校必须积极面对这种挑战。首先，提高意识形态安全教育的自觉意识。应使学校相关意识形态工作人员、思想政治工作人员都认识到意识形态安全教育的重要性。意识形态领域历来是敌对势力实现和平演变的主阵地，西方敌对势力要搞乱一个国家，颠覆一个政权，往往先从意识形态打开缺口，先从搞乱人们的思想入手。所以，意识形态安全关涉国家长治久安，关涉中国特色社会主义事业兴衰成败，关涉中华民族伟大复兴能否如期实现，必须从党、国家和中华民族命运的高度认识意识形态工作的重大意义，自觉维护意识形态安全。其次，要改进高校意识形态安全的教育内容。新形势下，国际意识形态斗争形式和内容都发生了深刻变化，美国等西方国家以推行宪政民主和普世价值为主要内容，以“颜色革命”为主要方式，意识形态领域斗争更加隐蔽、复杂、巧妙，通过美国在一些国家策划的“颜色革命”就可窥斑见豹。因此，我们必须更新意识形态安全的教育内容，及时跟进新的国际关系状况，向大学生介绍分析研判新的国际形势、意识形态斗争新特点，了解国家安全战略，分析介绍“颜色革命”的策略和手法。最后，改进意识形态安全教育的方式方法。既要强化思想政治理论课的主渠道作用，又要拓展丰富其他形式，通过丰富多彩的校园文化和社会实践活动，让大学生了解社会、开阔视野、熟悉国情，提高意识形态领域斗争的能力。

对大学生进行意识形态安全教育，必须高度重视抵御境外敌对势力向高校进行宗教渗透工作。目前，宗教已成为西方国家意识形态输出的主要手段。我国是人口大国，信教人数众多，覆盖面广，境外敌对势力利用宗教对我国开展诸如“福音计划”等活动。他们非法传教的根本目的并不是单纯为了传教而传教，而是以此为幌子进行意识形态渗透，目的在于通过腐蚀大学生，消解马克思主义信仰，瓦解共产党执政根基，颠覆社会主义政权。宗教在文化上具有道德劝诫、人文关怀等方面的属性，易于被特殊人群接受，其已经成为西方国家意识形态输出的主要载体。大学生正处于身心发育完善阶段，他们的世界观、人生观、价值观尚未真正形成，生活经验少，缺乏辨别是非善恶的能力，自控能力差，对许多社会现象缺乏判断力，思想单纯，好奇心强，大学生的这种心理特征决定了他们的价值取向是随着社会舆论导向或社会思潮的变化而变化，容易受不良社会现象的侵害。宗教主张有神论，混淆科学与迷信的界限，误导青年学生的认知，给大学生在世界观、人生观、价值观的选择上带来困惑，误导大学生的信仰选择。宗教渗透阻碍大学生科学精神的培养。宗教主张人命神定，上帝主宰一切，把超自然的神灵作为人们崇拜的偶像，让人们把理想希望寄托于神灵，不去努力，不去进取，不去创造，等待神灵保佑和恩赐，造成人生态度消极。

在宗教渗透方式上，一是以校园信教师生为基础向其他人群渗透。因区域、家庭及个人因素，校园内有一部分师生是信仰宗教或有宗教倾向的。特别是刚入学的一些信教新生，境外宗教势力或传教人士利用其初入一个陌生的环境，急需寻找一个宗教场所、加入一个宗教团体而参加宗教活动的需求，以主动出击的方式主动寻找信教学生，为其提供学校周边便捷宗教活动场所，定期开展丰富的宗教活动，待得到学生信任后，诱导其在日常学习生活中向周边同学传播宗教教义，施加宗教影响，吸纳有宗教倾向的学生参加宗教活动，进而巩固和扩大信教学生队伍。二是以教师和外教的特殊身份，在校园教育教学活动中向学生群体渗透。校内的一些信教教师或涉外人士利用自己的特殊身份，通过授课、学术讲座、语言交流等方式，有目的有计划地向学生灌输宗教知识，渗透宗教观念，使一些处于迷茫而急于寻找心灵寄托的学生对宗教产生兴趣之后，便进一步趁热打铁，向其宣传推销宗教教义和价值取向，进而发展其为宗教教徒，为其所用，然后再继续扩大渗透成果。三是以公益活动为契机向高校渗透。各类带有政治目的的宗教团体，以捐资助学、学术交流、留学任教、课余活动、组织培训、赞助学生活动、资助家庭经济困难学生等方式为掩护，以多样的渗透形式向特定群体推销其价值观念，拉拢学生信教。四是以互联网为媒介向高校学生渗透。互联网具有隐蔽、迅捷、容量大、监控难、受众广的特点，是境外敌对势力向高校进行宗教渗透的主要渠道。他们利用互联网在高校学生中高覆盖的特性，通过设立宗教网站、QQ 群、微博、微信公众平台等，传播宗教视频、电子教义等材料，建成网上教堂、网上弥撒、网上论坛、网上进香等互动活动平台。设立宗教网络学校，招收网络学生和信徒，建立宗教电子教务。还通过大量群发电子邮件进行传教，以大撒网的方式向高校学生进行渗透。

新时代高校必须从意识形态安全角度高度重视宗教工作，严格贯彻落实教育与宗教相分离政策，坚持马克思主义世界观，向大学生进行辩证唯物主义和历史唯物主义教育，坚持马克思主义无神论，培养大学生的科学精神和人文精神，牢牢掌握高校意识形态的领导权、管理权和话语权。

**2. 净化国内社会环境，树立正确的价值观**

第一，倡导积极的社会风气。社会风气是指整体或局部社会，在一定时期和一定范围内传播流行的风俗习惯、文化传统、行为模式、道德观念以及时尚等要素的总和。社会风气是一个社会政治、经济、文化和道德等状况的综合反映，渗透在人们生活的方方面面，是一个社会文明程度的重要标志，是社会价值导向的集中体现。社会风气同时表现出一个民族的价值观念、风俗习惯与精神面貌，对人们的思想、心理和情感潜移默化地起着作用，直接关系到人民群众的身心健康、社会安危、国家存亡与民族兴衰，是推动或阻碍社会进步的巨大力量。因此，树立良好的社会风气是广大人民群众的强烈愿望，形成良好的社会风气，对于推动社会进步具有重要意义。

当下中国，整个社会风气的主流是好的，爱国敬业、诚信友善仍是社会风气的主旋律。但是，由于中国的快速发展，深度改革开放，社会处于转型时期，传统的道德体系已经被打破，新的道德体系还没有完全建立起来，因此社会风气有待改善的地方还不少，主要表现在以下几个方面：一是拜金主义泛滥，冲击着以爱国、奉献为主流的价值观。评价一个人成功与否的标准，不是看他对国家、社会做了多少贡献，为他人带来多少利益，而是看他有多少钱，以获得金钱多少作为评价一个人身价的标准，于是向钱看成为一些人的价值追求。二是功利主义倾向严重。当下，人们往往以有用、没用衡量一切事物，以是否能给自己带来实际利益作为行动的标准。大学生选择专业的标准，首先考量的不是自己的兴趣，也不是对社会的价值，而是考虑能否找个好工作、能否带来丰厚的收入。选择课程首先考量的是课程的实用价值，至于课程给自己的思想修养、人文素质带来的提升则往往不予考虑。三是领导干部腐败问题没有得到根除。十八大以来，以习近平为核心的党中央推动强力反腐，取得了决定性胜利，政治生态焕然一新，不敢腐、不能腐的态势得以形成。但是反腐败斗争形势仍然严峻，以权谋私、权钱交易、滥用职权现象仍时有发生，从源头上遏制腐败任重道远。官员腐败毒化社会风气，腐蚀人们灵魂，是社会风气治理的重中之重。四是社会诚信体系建设任重道远，存在一定程度的信任危机。老人摔倒无人敢扶，有人求助唯恐被骗也不敢施以援手，人们有时觉得缺乏安全感，时刻担心自己会上当受骗。面对这些不良风气，我们必须采取必要措施，旗帜鲜明弘扬正气，树立公德，抵制和批判各种错误社会思潮和丑恶现象。

首先，要在全社会树立道德楷模，以榜样的力量引领良好社会风气的形成。还可通过重大历史事件和突发事件开展宣传教育工作。例如，通过在抗震救灾、抗洪抢险等重大事件中形成的爱国主义精神、集体主义精神、英雄主义精神，进行大力宣传，在全社会弘扬正能量。例如，洪战辉就是大学生中的典型，被评为全国道德模范。洪战辉在家庭十分困难情况下，没有向国家要补助，而是自力自强，艰苦奋斗，坚持上完大学，还抚养了没有血缘关系的妹妹，甚至还资助其他同学。洪战辉的事迹就发生在大学生身边，他既自强自立，又关爱他人，真实感人，可亲可敬，对大学生影响很大。其次，要利用我党在革命、建设、改革中发生的重大历史事件所形成的精神进行教育。井冈山精神、长征精神、延安精神、西柏坡精神、红旗渠精神等都是我党创造的精神财富，也是大学生意识形态教育的重要资源，应发掘好、利用好、宣传好。再次，要坚持社会主义先进文化的前进方向，一方面给人民提供健康向上的精神食粮，另一方面要抵制不良艺术作品对社会的负面影响。胡锦涛指出："要牢牢把握文化发展的正确方向，积极推动文化创新，大力发展文化事业和文化产业，为广大人民群众提供更多更好的精神文化产品，充分发挥文化启迪思想、陶冶情操、传授知识、鼓舞人心的积极作用。"无论是具有社会公益性质的文化事业建设，还是具有经营性质的文化产业建设，都应该把握社会主义的发展方向，坚持四项基本原则，保证其社会主义性质，引导其为社会主义服务，为人民服务。与此同时，我们要清醒地认识到，西方资本主义利益集团一直没有放弃对中国和平演变的图谋，他们总是利用影视、书刊等艺术作品渗透资产阶级的价值观，对大学生施加影响。我们必须引导大学生正确对待这类艺术作品，吸收精华，剔除糟粕。最后，我们要充分发挥文化基础设施的教育功能。一是建设更多的博物馆、文史馆、名人纪念馆、军史馆、革命战役纪念馆、烈士陵园等大型场馆，提供更多的爱国主义教育基地，加强大学生爱国主义和民族精神的教育。二是建立更多的社会实践基地、就业见习基地、校企合作基地等实习实训基地，使大学生在实践中检验真理，在实践中体悟社会主义与资本主义的优劣，从而坚定共产主义理想，坚定中国特色社会主义信念。三是建立志愿服务基地、公益文化基地等，在大学生开展公益文化活动，从而在实践活动中潜移默化形成团队精神、集体意识和奉献精神，弘扬健康向上的社会风尚，自觉践行社会主义核心价值观。

第二，正确引导大众媒体的舆论导向。大众媒体是指在信息传播过程中处于职业传播者和大众之间的媒介体，具体包括报纸杂志、电视、广播、电影、图书、音像制品、互联网。由于这些传播媒介具有获取与传递信息、文化传承、舆论监督和娱乐休闲等功能，并且在信息传播过程中具有速度快、范围广、影响大的特点，所以必然成为大学生了解社会、获取信息、接触社会思潮的主要途径。近年来，随着互联网技术的快速发展，大学生可以在网络上接触到最新最快的新闻资讯，了解到最流行的社会思潮，网络已经成为大学生接触最新资讯的主要途径。目前，随着移动互联网的普及，微信功能的越来越强大，公众号不断建立和完善，移动互联网和微信公众号是大学生接触社会思潮的主要渠道。

在众多的社会渠道和社会途径等大众媒介的传播过程中，一些主流媒体对西方社会思潮的介绍、推广都是本着实事求是的态度，尽量接近某些社会思潮的本质。但也有一些传播媒体，对某些社会思潮缺乏深度了解，更缺乏研究，不负责任地跟风或迎合文化市场的需求，盲目地扩散某些观点内容。还有少数媒体，为了追求市场占有率，迎合读者观众，不惜传播一些低级腐朽的资产阶级思想和资产阶级价值观，借传播某种社会思潮之机，渗透否定马克思主义指导地位，诋毁中国特色社会主义，攻击中国共产党的言论，制造思想混乱，腐蚀大学生思想。

鉴于大众媒体在西方社会思潮的传播过程中所占的重要比例，以及在传播过程中出现的复杂现象，必须注重加强这一领域的引导和监管。一要巩固好舆论主阵地，把握好正确舆论导向。随着社会的进步，传播媒介的多样化，一个国家的主流意识形态既要通过主流媒介宣传推广，又要借助大众媒体以人们喜闻乐见的方式进行宣传推介。因此，必须用主流媒体引导好大众媒体，增强主流媒体宣传的影响力和感染力，守住大众媒体的宣传底线，用社会主义意识形态整合多元社会思潮，提升党对意识形态的领导权和话语权。二要根据网络新媒体的传播特点，挖掘其在价值观教育中的多种功能。可利用手机微信传播生活化、个性化、便捷化等特点，建立微信公众号，以更加灵活多样、更喜闻乐见的方式宣传社会主义核心价值观，创造良好的舆论环境。三要加强网络管理，净化网络环境。网络平台要严格遵守国家法律法规，规范经营行为。对网络信息严格把关，着力维护新闻传播的公信力。决不能让互联网成为传播负面信息、造谣生事、违法乱纪的平台。习近平指出："我们必须坚持以立为本、立破并举，不断增强社会主义意识形态的凝聚力和引领力。我们必须科学认识网络传播规律，提高用网治网水平，使互联网这个最大变量变成事业发展的最大增量。"（习近平 2018 年 8 月 21 日在全国宣传思想工作会议上的讲话）这个讲话为我们在新时代维护网络意识形态安全指明了方向。按照习近平的讲话要求，要严格落实意识形态工作责任制，加强对意识形态领域重大问题的研判。近年来，由于各级党委的重视，网络意识形态管理取得了一定成效。但是，网络意识形态的形势依然严峻。有些党员干部对具有意识形态性质的突发事件、焦点事件、热点事件，反应不够敏锐，认识不够深刻，应对不够及时，措施不够得力，甚至有些人在西方价值观和意识形态的影响下，有意去意识形态化，回避意识形态斗争，不敢担当，不愿亮剑，明哲保身，充当开明绅士，给国家的意识形态安全造成造成不利影响。这就要求我们要增强"四个意识"，坚定"四个自信"，旗帜鲜明坚持社会主义意识形态，加强网络意识形态斗争的判断力、辨析力，牢牢掌握网络意识形态工作的领导权和主动权，筑牢网络意识形态安全的坚强堡垒，努力开创意识形态工作新局面，为把大学生培养成中国特色社会主义的建设者和接班人，努力创造一个安全、健康的网络环境。

建立健全网络话语权的保障机制，科学认识和把握网络传播规律，提高治网用网水平，把互联网这个最大"变量"变为有利于意识形态建设的"增量"。一是健全网络话语法治机制。网络不是法外之地，管网治网需要不断健全和完善网络空间法律法规，需要坚持依法治网，规范网络主体行为。习近平 2014 年 2 月 27 日在中央网络安全和信息化领导小组第一次会议上强调："要抓紧制定立法规划，完善互联网信息内容管理、关键信息基础设施保护等法律法规，依法治理网络空间，维护公民合法权益。"为此，一方面，要完善网络话语法律制度。网络立法是网络管理的基础，国家立法部门要完善网络法律法规，建立健全互联网法律体系，用法律明确规范各种思想传播的界限，确保我国网络意识形态安全；另一方面，要严格依据法律法规执法，对通过互联网散布威胁国家安全、颠覆社会主义制度、危害国家安定等内容的行为予以严厉打击，对散布网络谣言、传播淫秽色情信息的行为予以严肃惩罚。二是健全网络话语监管机制。对网络话语实施监管，需要从完善网络话语预警机制和监督机制建设两方面入手，双管齐下，不断强化网络话语监管机制，确保网络话语监管贯穿于网络话语主体信息传播的全过程。一方面，建立网络舆情预警机制，从维护国家意识形态安全出发，构建科学的、动态的网络舆情预警指标体系。另一方面，建立合理的网络话语监督机制。要不断创新完善网络话语监督技术，善于运用技术手段及时发现、快速定位并迅速清除有害信息，稀释大众对某些不良信息的关注度；要促进公民理性思考与表达，严厉打击、惩处发表不良言论而误导大众、危害我国意识形态安全、破坏社会稳定的不法行为。三是健全网络话语回应机制。通过完善话语回应反馈机制，不断扩充渠道接收受众的反馈意见，不断完善主流话语效果评价机制，提高我国主流意识形态网络话语的影响力。一方面，完善网络回应制度。要重视与普通网民的交流互动，通过网络互动平台的合理设置，进一步引导网络话语，并积极传播主流意识形态话语。在设计互动程序时要注重实效性，打造畅通的网络回应渠道，通过及时、有效的网络回应实现与群众的良性互动。另一方面，完善网络话语效果评价机制。通过收集、整合网络话语受众对主流意识形态的意见与看法，深入了解和分析哪些主流意识形态网络话语传播效果较好、哪些还有待改进，从而为增强主流意识形态网络话语传播的针对性与实效性奠定基础。要重视网络受众反馈与评价中暴露出来的问题，有针对性地调整网络话语传播方案，提升传播效果。

## 四、加强和改进学校思想政治教育

在全球化和我国深化改革开放的大背景下，对各种社会思潮一味地堵、一味地封锁、一味地回避是无济于事的。我们必须以积极的态度、开放的眼光、宽广的视野、科学的精神批判地对待各种社会思潮，进而抵制其消极影响，发挥其正面作用。

首先，充分利用学校思想政治教育的主渠道、主阵地，发挥马克思主义学院的作用，全面系统地介绍、阐释、分析某一社会思潮产生的社会背景、思想内涵和精神实质，让学生对某一社会思潮有一个客观、理性的认识。其次，引导大学生深入了解我国历史特别是近代史，了解中国共产党领导中国人民进行革命、建设和改革开放的历史，了解中国特殊的国情，让大学生在历史比较中、在实践体会中感悟和发现真理。最后，创造积极向上、健康正面的校园文化，用马克思主义和习近平新时代中国特色社会主义思想统领校园文化，牢牢把握意识形态的领导权、管理权和话语权，提高大学生自觉抵制、科学批判、正确认识各种社会思潮的能力。

### （一）发挥学校主渠道教育的作用

目前，大学生了解各种社会思潮的渠道一是思想政治理论课，二是公开出版的课外政治理论读物，三是互联网及课外活动。高校的思想政治教育课是公共必修课，意在通过这类课向学生进行马克思主义教育，进行爱国主义、集体主义和社会主义的教育，进行中国特色社会主义教育，进行社会主义核心价值观教育，以期培养中华民族伟大复兴所需要的合格人才，培养中国特色社会主义的建设者和接班人。当前高校思想政治课也存在一些不足：一是从教材看，相关教材对西方社会思潮的内容介绍较少，而且不系统、不全面，学生不能了解全貌，更不可能把握其实质，因此这种支离破碎表面化的了解，极容易让大学生产生好奇心，产生误解，社会上一旦流行某种思潮，大学生如坠云里雾里，不能正确认识，极易受到蛊惑。二是从教师的知识储备看，有关教师备课投入不够，对西方社会思潮知之不多，多数教师是教材有啥讲啥，讲啥备啥，不愿意过多涉及社会思潮内容，大都是蜻蜓点水，一带而过。三是从教学方法看，思想政治课正面灌输多，师生互动少；我讲你听多，平等讨论少；呆板说教多，生动活泼少。总而言之，思想政治课虽然重要，但由于方法方式单一，不受学生欢迎的情况也不少见。四是从思想政治课与现实社会关系看，教师理论讲述多，理论联系实际少。不少教师不能联系丰富多变的社会现实，不能从实际问题出发去讲析理论，回避多样、多元、多变、多彩的社会生活，从理论到理论，从概念到概念，导致大学生总觉得思想政治课内容空乏，解释不了现实，与现实距离太大，更不能指导他们的实践。思想政治课既不能解决思想问题，又不能解决实际问题，这样的思想政治课必须改革。

针对思想政治理论课存在的这些问题，应当采取相应的措施，改革思想政治理论课教学，使其更适应大学生的思想实际。首先，在思想政治理论课中，适当增加社会思潮的内容。在改革开放的条件下，各种社会思潮以不同形式已经充斥渗透到社会生活的方方面面，对此，我们在思想政治理论课教学中，没有必要遮遮掩掩，应该正面回应、主动面对，理直气壮地解释它、分析它、批判它。要克服各种社会思潮的负面影响，第一是全面了解它，对它有整体系统的认识，在思想政治理论课中，加大各种社会思潮内容的比例。第二，划出相关教师开设这方面课程，专门研究各种社会思潮。通过对比分析，让学生在比较中更加信仰马克思主义，更加坚信中国特色社会主义道路、理论、制度和文化。还应加强教师培训，提高教师的马克思主义理论水平，使教师以更深的理论功底、更广的政治视野、更高的政治站位引导学生认识西方社会思潮的实质和危害性，从而使学生以更强的理论鉴别力抵制各种社会思潮的渗透和侵害。第三，改革教学方法，更新教学形式，优化教学手段，努力在增强思想政治理论课的说服力、感染力、吸引力上下功夫，在提升其趣味性、鲜活性和生动性上花精力，让大学生从内心喜欢思想政治理论课，而不仅仅是把它当作一门拿学分的工具。第四，在内容上要使课程贴近生活、贴近实际、贴近学生。理论的重要价值在于能够科学解释现实，澄清疑惑，在于能够指导实践。马克思说："理论只要说服人，就能掌握群众；而理论只要彻底，就能说服人。所谓彻底就是抓住事物的根本。"例如，针对民主社会主义思潮，教师完全可以通过改革开放以来中国特色社会主义的成功实践，通过西方民主导致的欧美社会出现的种种问题，在现实社会的具体分析中，在活生生的案例中，让大学生深刻认识到中国特色社会主义道路才是发展中国、使中华民族实现伟大复兴的必由之路。第五，用好第二课堂，通过学术讲座、学术报告等形式向大学生评价西方社会思潮。用马克思主义占领高校意识形态阵地是高校思想政治工作的核心任务，但是马克思主义是在批判其他形形色色思想的斗争中发展的，是在与其他各种思潮的比较中得到认同的。因此，我们完全有必要通过学术报告的形式，梳理、介绍、评析某一社会思潮，运用马克思主义的立场观点方法做出实事求是的分析，在科学而深刻的比较中让大学生坚信马克思主义，坚信中国特色社会主义。当然，这类学术报告要注意其政治导向、思想导向、价值导向，我们的目的是通过学术报告深入了解某一社会思潮的思想实质和危害性，而不是相反。第六，从不同角度研究各种社会思潮的专门著作以及国外学者的译著是了解各种社会思潮的又一途径。民主社会主义、历史虚无主义、个人主义、新自由主义、普世价值、宪政民主等思潮，最初往往是通过译著传播到中国，进而让社会乃至大学生知晓的。而后，一些学术论坛、学术会议对这些社会思潮进一步评介、论辩、分析、阐释，使中国越来越多的学者开始对各种社会思潮及其对中国社会的影响进行系统的研究，这些学术著作、研究成果成为大学生正确认识各种社会思潮的重要渠道。当然，这些著作的观点、思想不尽相同，需要教师引导学生进行比较、辨析、甄别，既不可盲从，又不可一概否定，而是运用马克思主义的立场观点方法，站在中国大地上，吸收其有益养分，剔除其错误的东西。最后，随着我国高等教育国际化步伐的加快，中外高校学术交流合作、人才培养交流合作的扩大和深入，必然在推动中外文化交流的同时，也自然而然地为西方社会思潮传入我国创造了条件。在这个背景下，我们应注意引导大学生正确认识西方社会思潮，从对中西不同的历史、文化、制度、国情、发展阶段和价值理念的深入比较中，清醒地认识任何一种社会思潮的局限性，避免盲从。

新形势下，信息技术发展日新月异，微媒体已广泛应用于人们的工作和生活中。在微媒体背景下，高校思想政治教育要创新改革，与时俱进，用好微媒体，不断提高工作成效。

一要提高认识，树立“微理念”。科学技术的广泛应用需要有相对应的教学理念。微媒体所带动的教学理念的转变促使教育工作者更新教学观念，推动传统教学模式向“学生主体”的转型，并力争构建精细化思想政治教育的新模式。相关教育管理人员应该秉承两种新型理念，综合提升思想政治教育质量：一是保证教育理念的综合性与社会衔接的过渡性，即挖掘新信息或新媒介中蕴含的内在或外在的思维素养，以期实现高校思想政治教育和社会发展方向的有效衔接。二是施教者和受教者地位和价值观念的转换。学生作为传播路径中的信息接收者与成效反馈者需要有更为完善的专业课程引导方案及人文关怀，实现不同主体之间的平等对话与交流协商，以此推动信息载体的完善建设和理念深化。

二要培养骨干队伍，强化“微力量”。应当在以教师队伍建设为核心的基础上，打造更多的多方面的思想政治教育队伍，如共青团员、学生干部、中共党员以及其他优秀学生代表，力争构建更符合时代特征的思想政治教育体系，汲取微媒体传输信息中的先进思想和有益元素，将其有效结合在马克思主义理论和社会主义核心价值观中。同时，应有效发挥“意见领袖”的带动作用，使施教与受教双方保持相对独立且特征明显的空间，帮助学生在思维碰撞过程中不断加深对主流思想政治教育理念的理解与传承。此外，应注重在教师队伍中引入青年教师团队，牢固树立教师队伍的教育权威，完善教育模式与课程内容，力争打造执行力更强且全方位的骨干队伍。

三要坚持正面宣传，打造“微平台”。教师可借助微媒体的信息发布平台有针对性、有条理地发布政治、经济、社会等方面信息，相关教育管理人员可根据实际情况设置专门的个人公众号等相关平台，发布党和国家重要的时事信息，并及时收集反馈意见。这些“微平台”应以共同构建人文关怀与政治素养为指导理念，并对信息源的传输途径、目的、传播理念以及作用方式进行严格审查，保证“微平台”的科学性、有序性及可控性。同时，此类平台应该重新审视大学生群体的思想文化需要以及可接纳容量，争取最大力度地保证不同年龄阶段、不同学科方向、不同地区的学生都能充分借助新型平台的信息汇集优势，促进自身思想政治素质和专业素质的提升。高校应结合每位学生的思想状况，优化教师群体与学生群体思想交流的网络生态。

四要创新语言方式，运用“微话语”。思想政治教育课程内容是主流价值观念、社会群体思想、道德规范的统一体，既具有主流、正面、积极、向上、健康、系统的特点，又具有模式固定、语言抽象、逻辑性较强等特点，有些教师难以将抽象艰深的理论通过通俗易懂的表达方式传输给学生，影响思想政治的教育效果。微媒体则通过可调整的表达平台收集各渠道提供的概念原理解读、逻辑分析思路以及理论拓展信息，解放思想观念，进行主流思想政治理念的线上线下宣传，改变传统单向的课程教育模式，推动向多元互动对话的模式转型，打造更加灵活、民主、有效的话语体系。微媒体平台的每个环节都是信息点的汇集处，具有发送信息与收集反馈信息的双重作用，连续不断的接收反馈系统形成了发送性、立体互通性网络信息平台，如此强大的网络信息平台融合了多领域、多层次公众的多维集合思想。和传统接收、消化信息的方式不同，这些微媒体提供的信息大多为碎片式语句，需要我们主动对其进行加工与整合，挖掘信息创作者的根本目的，摒弃负面消极的价值理念，树立积极健康的价值观。

五要加强教育引导，提升“微素养”。从教师角度看，应该立足于新形势下的教育体系，明确思想政治教育的主体性、科学严谨性以及价值导向性，挖掘微媒体信息传播中的潜藏路径，及时将学生的反馈意见与价值观念转化为思想政治教育的出发点和新思路，严格审视自身思想政治教育专业素养和教育内容的前瞻性，更好地发挥思想政治教育素养的重要作用。从学生角度看，应该掌握政治要闻和社会热点，过滤媒体平台信息中的无效碎片信息，对特定栏目板块进行理论分析，避免出现不正确的评论，提升自身在微博、公众号或相关个人平台上发布信息的真实性、完整性及思想理念的前沿性、先进性，促使微媒体平台更好地占领价值观教育的前沿领域。

六要加强监管治理，净化“微环境”。相较于传统纸介资料信息的传输模式而言，微媒体降低了信息输入的门槛，促使更多的创作者将草根表达引入微媒体中。在此背景下，可将学生分为两种类型：一是信息输出者，即将自身价值理念以多种载体方式输入微媒体平台中，形成发散性思维网络构图；二是信息输入者，即学生群体作为思想政治教育理念接收主体，能以学习与反馈的方式进行价值理念的选择性汲取与内化。高校应该与社会监管部门共同合作，对现有微媒体提供的多元信息进行质量把关与整改，提高整体思想政治教育工作的严谨性、高效性以及科学预见性，提升学生的判断力与辩证思维能力，引导学生区分个人理念与公众思想、言论自由与社会责任、虚拟空间与现实社会的辩证关系，并对学生群体关注的社会热点问题、教育改革建议等看法予以足够重视，保证学生接收可信度更高、教育价值更大、思想导向更科学的社会议题和政治时事热点，以此对现有的教育教学资源形成有益补充。

## （二）转变学分制条件下的大学生思想政治教育模式

改革开放以来，随着我国政治、经济、文化、社会的快速深刻变革，高等教育领域也发生了翻天覆地的变化，其中人才培养模式的改革和发展最引人瞩目，而以学分制逐步取代学年制便是这一改革的核心内容。学分制是一种适应现代社会需要的先进的人才培养模式，它真正体现了因材施教、以学生为主体、尊重学生个性、调动学生主动性和创造性的教育理念。我国自中华人民共和国以来一直实行与计划相适应的学年制，并建立了一整套与学年制相适应的学生管理体制机制。学分制的实行打破甚至颠覆了传统学年制条件下的学生工作模式。高校面对这一挑战，必须创新学生工作模式，与此相应，政治辅导员的工作方式也必须实现转型。

### 1. 学分制的内涵及其意义

学分制是以学分作为学习的计量单位、以选课制为基础的一种教学管理制度。学分制是以选课制为其起点的。从中世纪直到18世纪上半叶，欧洲的大学如博洛尼亚大学、剑桥大学、巴黎大学、牛津大学等都实行学年制，以统一课程、统一顺序、统一进度、统一修业年限为标志。18世纪末，随着科技的发展和新兴学科的出现，选课制应运而生。1810年，洪堡在其创办的德国柏林大学率先实行学生可以自由选择课程、专业、教师，自行安排学习进度和顺序。这就是最早的选课制，也是学分制的萌芽。

19世纪下半叶，美国首先实行了学分制。一般认为，学分制产生于艾略特任校长时期的美国哈佛大学，此后逐步在美国其他高校实行和完善，并逐渐为欧洲、北美、日本等地的高校所采用。目前，美国和欧洲的大多数高校均实行学分制。

学分制的内容主要包括五个方面：一是弹性学制。所谓弹性学制，就是根据学生的个体差异和其他情况，允许学生自主选择修业年限，有的学生可以提前毕业，有的学生可以延缓毕业。二是自由选课制。选课制是学分制的核心，包括自主选择课程和教师，自主选择专业方向，自主选择上课时间，自主选择修业年限。三是导师制。学分制的实行使学生自主选择的空间加大，所以必须配备必要的学业导师对学生予以学业乃至职业生涯的指导。四是学分绩点制。通过学分绩点制度，可以对学生学习的量与质进行双向监控，并作为授予学位和各种奖励的依据。五是重修制。即对学生不及格课程进行重修然后再补考。

实行学分制，从教育理念上，可以真正建立起以学生为本的人才培养机制；在学风建设上，可以真正形成学生自觉自主学习的动力机制，激发学生学习兴趣，调动学生学习的积极性，让学生真正实现“我的学习我做主”；就学校的学科、专业、课程建设来说，通过学生的自主选择专业和课程，可以使学校调整优化学科专业结构，完善课程体系，提高课程质量，形成适应社会需求和满足学生需要的高质量“课程超市”；从教师队伍建设角度看，可以形成教师教育教学竞争激励机制，使教师更新课程内容，改革教学方法。

**2. 学分制对传统学生工作模式的挑战**

首先，对学年制条件下以班级为基本管理单元这一组织模式的挑战。高校现行的学生工作运行体制机制是与学年制相适应的。这一体制的基本特点是以班级为基本管理单元，所有教育教学活动都以班级为依托和载体。同一班级的学生为同一专业、同一年级，在修业年限、所学课程、任课教师、学习顺序和进度、上课地点等方面都是一致的。可以说方方面面都是整齐划一的。在这种体制下，虽然学生工作也千头万绪，但只要抓住班级这一载体和依托做文章，一切问题就会迎刃而解。但是，在学分制条件下，由于允许学生自主选择专业、自主选择任课教师、自主选择课程、自主选择修业年限、自主选择学习顺序和时间，这自然就打破了班级界限、年级界限、专业界限，于是“同学不同班，同班不同学”便成为学分制条件下的一种正常现象，导致传统的班集体出现了高度的离散性和虚化性，班级的作用严重弱化，甚至名存实亡。在这样的情况下，政治辅导员再以班级为主要载体和依托开展学生工作就完全不合时宜了，也很难取得预期效果。

其次，对大学生思想政治工作的挑战。学年制条件下，班级不仅是高校教育教学和管理的基本行政单元，同时是大学生思想政治教育的载体和依托。由于在学年制条件下同一班级的学生在专业、课程、学制、进度和时间等方面具有统一性，所以，依托班级可以自上而下地实行“学校抓院系，院系抓年级，年级抓班级”的层级管理，有效地进行思想政治教育，开展形式多样的旨在提高大学生道德品格修养的德育活动，有利于强化集体意识，培养集体主义观念，渗透核心价值观。但是，在学分制条件下，由于班级的弱化、年级的淡化、学生自由度的增加、流动性的增强，很难以班级为基本单位和载体对学生进行统一的思想政治教育。而且，学分制赋予了学生更多的自主权、更大的自由空间、更强的竞争意识，使学生的个性更加突出，诉求更加多元化，对自身的利益也更加关心，学习也更具功利色彩。这样，传统的德育模式失去了主要途径，缺少统一的时间和空间，自然也会遭到学生的抵触和排斥。

再次，对大学生日常管理的挑战。在学分制条件下，虽然多数高校仍然按同一专业、同一年级进行编班，但这样组建的班级因选课制而名存实亡，很难再以班级为基本单元进行日常管理，给大学生的日常管理工作带来极大的挑战。一是集中开会难。大学生的教育管理总要隔一段时间集中传达有关学习、生活、安全等方面的信息，集中传达学校的理念和精神，集中针对学生中存在的普遍问题进行分析并提出要求，集中对学生的学业和就业等问题进行指导。而这些都是大学生教育管理服务的题中应有之义。但是，由于选课制导致的上课时间不一、地点不一，很难找到一个合适的时间将所有学生集中到一起。因此，很多信息不能及时传达，很多教育思想和主张不能及时渗透，以致影响学生工作的成效。二是课堂监管难。学分制条件下，每个学生的课表是不一样的，于是就有“同班不同学，同学不同班”的现象，由于一同上课的同学是临时组合，上完课“走人”，互不认识和交流，加之班型大，上课考勤难以有效进行，于是逃课现象较为普遍。三是了解学生难。了解学生是做好学生工作的前提。学分制条件下，由于学生自主性强、自由度大，加之选课制带来的学习多元化，客观上使辅导员深入了解学生的难度加大，致使师生感情淡化，关系疏远，学生不能向老师真实地反映问题、坦露想法。又因无法及时了解学生的学习、生活及其他情况，不能及时处理学生中存在的问题，也容易酿成大的问题。

最后，对政治辅导员的能力和素质的挑战。学分制与学年制不仅是两种不同的教学管理制度，在深层次意义上，更是两种不同的教育思想、教育理念。学年制适应计划经济，注重整齐划一，是一种流水线式的人才培养模式；学分制适应市场经济，注重按需施教、因材施教，是一种个性化的人才培养模式。因此，作为学生人生导师的政治辅导员，必须彻底转变传统的学生教育管理理念，针对学分制带来的一系列挑战，积极面对，迎难而上，深入研究，勇于实践，摸索规律，实现转型。努力探索并建立学分制条件下的新的学生教育管理模式。

**3. 学分制条件下高校政治辅导员工作的转型**

首先，在工作理念上，实现从以管理者为主体向以学生为主体转型。

在学年制条件下，学生管理强调军队式的整齐划一，政治辅导员是管理者，学生是被管理者，管理的核心是要学生无条件地服从教育和命令，服从学校的规章和制度，很少考虑学生多样化的需求。这种管理本质上是以管理者为主体，而不是以学生为主体。学分制的实行赋予了学生更大的选择权、自主权和自由度，学生可以自由地按兴趣个性选择课程、选择教师、选择学习进度，学生真正成为自己学习的主人和学校的主体。在这样的背景下，政治辅导员必须彻底实现观念的转型，变以管理者为主体为以学生为主体，变外在的简单的硬性约束为内在的柔性的人性关怀，变把学生当作管理对象为把学生当作服务的对象。引导学生自我教育、自我管理、自我服务。一切工作都要从学生的成长成才出发，一切制度都要有利于学生的个性发展和全面发展，牢固树立以学生为主体的教育理念。

其次，在工作内容上，实现学生工作从训导型向咨询、服务、指导型转型。

在学分制条件下，政治辅导员做学生工作要以服务和指导为主，但并不意味着不要教育、不要管理，只是说，我们要改变过去那种单向的、简单的、硬性的、忽视学生个性和合理需求的教育和管理，在服务学生中渗透管理，在指导学生中融入教育，将教育与指导、管理与服务融为一体，共同统一于学生成长成才的过程之中。著名德育专家田建国先生认为，教育的本质是“育”而不是“教”，是引导不是去左右，是影响不是去支配，是感染不是去教训，是解放不是去控制。这确实说出了教育的真谛。所谓学生服务与指导，就是真正确立学生在学校的主体地位，以学生的成长成才为出发点和落脚点，努力为学生的学习、生活、发展、就业提供优质服务，解决学生的困难，方便学生办事，维护学生的权益，为学生创造良好的学习和生活环境，满足学生合理的多样化的需求。对学生的服务指导应是全方位的，包括学生入学指导与服务、思想道德引导与服务、学业指导与服务、身心健康指导与服务、日常生活指导与服务、贫困生资助指导与服务、学生素质拓展指导与服务、学生权益指导与服务、生涯规划指导与服务、就业指导与服务、后续发展指导与服务等。在服务与指导中，既要解决思想问题，又要解决实际问题，在解决学生的实际问题中解决思想问题。通过政治辅导员无处不在的关注、无微不至的关怀、无时不有的关心让学生感受到师爱的温暖。

再次，在工作阵地和载体上，实现从以教室为主阵地向以公寓社区为主阵地转型。

在传统学年制条件下，由于课程的恒定、班级的稳定、教室的固定，政治辅导员开展学生工作主要以教室为载体和阵地，虽然为了全面了解学生，政治辅导员也经常深入公寓社区了解情况、开展评比检查，但教育、管理、指导等活动还是以教室为主要阵地。而在学分制条件下，学生的学习形态、组织形态、生活形态都发生了很大变化：教室是不固定的，班级是半流动的，社团是全流动的，网络是虚拟的，只有学生公寓才是相对固定的。因此，在学分制条件下，如果再以教室为主阵地、以班级为主要建制、以集体活动为主要形式开展学生工作，已变得非常困难。政治辅导员必须把做学生工作的主要阵地由教室转到公寓社区，建立起以公寓为主阵地的学生工作新体制新机制，让学生工作覆盖固定阵地，渗透流动群体，占领虚拟空间，一句话，让政治辅导员的学生工作进公寓、进网络、进社团。随着学分制的深化和高校后勤社会化的完善，高校学生公寓正逐渐成为学生的第一社会、第二家庭、第三课堂，公寓社区的教育功能愈加凸显。

从次，在工作面向上，实现从以面向班级群体为主向以面向个体或小群体为主转型。

学年制条件下，学生的组织形态和学习形态是整齐划一的，在学生工作中，更强调共性、统一性和普遍性，忽视学生的个体需求和个性发展，政治辅导员更多的是面向班集体，以集中教育、集体开会、统一要求的方式开展学生工作，虽然也针对个别学生做思想工作，但不是主要方式。在学分制条件下，由于学生选择的多样化，那种面向群体集中教育的方式变得非常困难。政治辅导员必须将工作方式由面向群体为主转到以面向个体为主上来。针对每位学生的个性和学业规划进行指导、辅导、引导和疏导。政治辅导员要以公寓为主阵地，深入学生当中，及时深入了解每位学生的学习、生活、心理、交往、人际等情况，发现问题及时予以疏导、指导和引导。特别是对所谓“问题学生”，如家庭贫困、学习困难、人际紧张、心理障碍、逃课“挂科”、网瘾严重等类学生，要深入调查摸底，针对不同情况，给予更多的关注、关怀和关心，进行个别交流、个别教育、个别疏导。当然，面向学生个体和小群体势必增大辅导员工作量，这就倒逼辅导员要创新工作方式，充分利用网络、手机等新兴媒体与学生交流、沟通与对话，从而提高工作质量和效率。

最后，在工作机制上，实现从以外在约束和强制命令为主向学生自我教育、自我管理、自我服务为主转型。

学分制条件下，随着学生自主权、选择权、自由度的增大，对学生以“三自”（自我教育、自我管理、自我服务）为核心的自律能力提出了很高的要求。我们尊重学生的主体地位，扩大学生学习的自主权，绝不意味着学生可以我行我素、放任自流，更不意味着可以不要教育、不要管理、不要纪律，而是把强制约束性的学生工作模式转变为引导学生自我教育、自我管理、自我服务的工作模式。政治辅导员不是对涉及学生成才成长成人的方方面面都包办代替，而是引导学生自我发展、自我完善、自我管理、自我服务，并建立相应的运行机制。在学生的自我管理和教育中培养其主体精神和独立人格、责任意识和自律能力。一定意义上说，引导学生自我教育、自我管理和自我服务是尊重学生主体地位的题中应有之义，也是学分制的题中应有之义。

综上所论，学分制条件下，高校政治辅导员必须深刻认识学分制的内涵及其对学生成长成才成人的重要意义，更新理念，创新思路，努力从工作理念、工作阵地、工作面向、工作方式、工作机制等方面实现转型，从而构建起与学分制相适应的政治辅导员工作新模式。

### （三）引导大学生参加社会实践

大学生社会实践活动，即高校在校学生利用假期、周末等课余时间，深入农村、厂矿、企业、社区了解社情民情、感受社会变迁、提供专业服务、进行社会接触的活动。此项活动旨在开阔大学生眼界，提高思想认识水平，坚定中国特色社会主义道路自信、理论自信、制度自信、文化自信，同时用自己的专业知识为社会提供力所能及的服务，在服务中促进书本知识与实践的融合，巩固、深化、拓展、校正在校所学的理论知识。应该说，用在课堂学到的理论知识进行社会实践活动是每个大学生必须要上的一门课程。

中共中央和国务院联合下发的《关于进一步加强和改进大学生思想政治教育的意见》指出："社会实践是大学生思想政治教育的重要环节，对于促进大学生了解社会、了解国情，增长才干、奉献社会，锻炼毅力、培养品格，增强社会责任感具有不可替代的作用。"2017 年 2 月中共中央、国务院下发的《关于加强和改进新形势下高校思想政治工作的意见》中指出："要强化社会实践育人，提高实践教学比重，组织师生参加社会实践活动，完善科教融合、校企联合等协同育人模式，加强实践教学基地建设，建立健全国家机关、企事业单位、社会团体接收大学生实习实训制度，开设创新创业教育专门课程，增强军事训练实效，建立健全学雷锋志愿服务制度。要在服务引导中加强思想教育，把解决思想问题与解决实际问题结合起来，做到既讲道理又办实事，加强学生学业就业指导，帮助大学生顺利完成学业，加强人文关怀和心理疏导，促进大学生身心和人格健康发展，加强对家庭经济困难学生的资助工作，积极帮助解决教师的合理诉求。"

中央这两个文件在内容上虽然各有侧重，但都强调了社会实践对大学生成长的重要性。第一，大学生社会实践活动既是学校理论教学的重要补充，是书本知识见诸实践的重要环节，又是大学生增长社会阅历提升社会能力不可或缺的一环。理论知识从实践中来，社会总是与时俱进的，实际生活永远比书本复杂，因此任何书本知识必须回到社会实践上来，这样，学到的知识才是切实的，而能力也在实践中得到提升。第二，社会实践活动可以增强大学生的社会责任感和使命感，体验和了解中国的国情、民情，从而更深刻地感受中国共产党的伟大和英明，感受中国共产党执政的历史必然性，感受中国特色社会主义制度和道路的正确，从而树立正确的人生观、价值观和世界观，升华思想，校正错误，避免片面，防止盲从，学会既要站在人类历史发展规律的高度思考问题，又要立足中国历史、中国大地、中国文化、中国国情考虑问题，少一些狂热和偏激，多一些理性和平和。第三，社会实践活动可以使大学生看到自己的理想与社会现实之间的差距，看到自己所学与社会所需之间的错位，从而看到自身的不足，正确评价自己，摆正自己与国家社会、与人民群众的关系，更冷静更客观地认识自己，进而踏踏实实融入社会，走好人生路。第四，社会实践活动可以使大学生提高社会适应能力。在社会实践中，通过与各行业、各类人员的接触与合作，了解社会，了解民情，知道如何交流沟通，如何协调合作，如何融入社会，在此过程中，才能发现自身的不足，以便及时修正弥补，及时改正提高，社会能力也会相应提高。

大学生社会实践活动的形式是多样的。一是参加以进行革命传统教育为主的社会实践活动。主要是参观考察革命圣地、革命老区等在中国革命中有重大影响的地区。通过缅怀先烈，忆史铭志，实现思想政治教育的目的。例如，组织学生参观革命历史陈列馆、红军长征纪念馆、抗日战争纪念馆、解放战争纪念馆和到革命老区进行社会调查等活动。这些活动可以近距离地使大学生体验到革命先烈坚强不屈的斗争精神以及老区人民对英雄的爱戴和敬仰，可以有效抵御历史虚无主义对大学生的影响。二是结合专业所进行的社会实践活动。例如，农学专业学生到农村的田间地头进行咨询服务活动，利用所学农业专业知识为农民服务。医学专业学生到乡下、社区进行义诊活动，普及医学知识，宣传常见病防治等。这样的专业实践活动，既检验了书本知识、提高了专业能力，又帮助了他人、服务了社会。三是社会调查活动。这种社会实践活动，围绕一个主题，有计划有目的地深入生产生活第一线，与一线工人、农民及各行各业劳动者同吃同住同劳动，全面了解基层情况，发现热点和焦点问题，掌握第一手材料，写出高质量的调查报告，为有关部门进行决策和制定政策提供参考依据。例如，组织大学生到大型国有企业参观，领略国企改革成就，认识国有企业在中国特色社会主义经济体系中的重要地位和作用，加深对公有制经济的认识。组织大学生到贫困地区调查，感受贫困地区农民的实际状况，了解党的基层干部在扶贫工作中所做的艰苦工作，知道扶贫工作之重要，扶贫工作之艰难，扶贫工作之伟大，通过零距离接触扶贫工作，感受中国共产党扶贫攻坚战略的伟大意义，更加坚定走中国特色社会主义道路的信念。四是开展义务劳动和志愿者活动。利用寒暑假和周末参加义务劳动，通过劳动，锻炼吃苦耐劳的精神，体验基层一线生活，戒除骄奢之气。参加志愿活动，也是非常好的社会实践。主动报名参加政府部门及社会组织的大型公益活动，既了解了社会，又开阔了眼界，同时提升了社会组织活动能力，加深了对社会的了解。五是参加文艺下乡活动。大学生通过参加学校的文艺下乡艺术团，到村镇巡回演出，既接触了基层生活，又把格调健康的艺术送到人民群众中去，在服务人民的活动中提升了自己的境界。六是参加勤工俭学活动。勤工俭学也是非常重要的社会实践活动。利用业余时间，利用专业知识，为社会提供有偿服务，一方面解决了在校期间的部分生活费用，减轻了家庭负担，另一方面通过勤工俭学，将所学知识应用于实际，提高了实践能力，同时，也打开了了解和接触社会的窗口。

当然，大学生社会实践活动仍有许多问题亟待改进。有的社会实践活动主题不明确，不突出，比较泛泛；有的活动时间短，实践内容无法深入、无法展开，浅尝辄止，收获不大；有的组织管理松散，计划不周密，要求不严，流于形式，实践结果没评估、没考核、没总结、没反馈。根据这些情况，大学生社会实践活动还应不断加强完善，使其发挥应有的育人作用。一要丰富实践内容，拓展实践主题。改革开放中的中国，经济社会发展非常快，社会热点问题非常多，应该结合大学生的所学知识，精选热点焦点问题进行实践活动，加深大学生对中国特色社会主义制度的理解，如可以深入农村调查了解土地承包流转问题，调查脱贫攻坚的成绩及存在的问题，调查农村留守儿童的生活、学习和心理情况等。二要建立和完善大学生社会实践活动的保障机制。学校要为大学生社会实践活动列出专项经费，专款专用，保证基本的活动经费。学校还应在社会实践活动的组织领导方面建立必要的机制，有专门的领导小组和具体的办事机构，每年做出实践活动规划，策划实践选题，联系实践基地，提供适合大学生的实践岗位。设立社会实践指导专家组，对社会实践进行前期指导、跟踪指导、总结指导。三是建立大学生社会实践活动激励机制。应专门制定大学生社会实践活动奖励性文件，奖励社会实践活动突出的院系、学生、指导教师、活动小组和社会实践活动成果。每年召开一次社会实践活动表彰会，评选实践活动优秀成果，表彰社会实践活动先进单位和先进个人，同时要注重对奖励的运用。四是做好大学生社会实践活动评估。首先，应建立一套大学生社会实践活动评估办法，科学制定标准和权重。其次，建立考核组织，每次活动结束都要进行一次评估考核，总结成绩，发现亮点，指出不足。通过评估考核指导下一次社会实践活动。

总之，抵制各种社会思潮的消极影响，使大学生在多元社会思潮中能够坚定中国特色社会主义道路自信、理论自信、制度自信和文化自信，深刻认识各种社会思潮的本质和危害性，培育和践行社会主义核心价值观，深入开展社会实践活动是非常必要的有效途径。

加强校园文化建设，用马克思主义占领校园文化阵地，以培育和践行社会主义核心价值观作为校园文化的主旋律。

大学校园文化是指以大学生为主体，以学校为主导，以课外活动为主要形式，以大学校园为空间载体，贯穿着大学精神的一种文化，包括物质文化、精神文化、制度文化。其中，校园物质文化是基础，包括自然环境、校园建筑、文化景观、教学设施、体育设施、生活设施等。精神文化是校园文化的核心，是校园文化的灵魂，集中体现学校的办学理念、价值追求、精神气质和文化传统。制度文化是学校的治理结构、规章制度、行为准则和道德规范，为学校发展提供制度保障。

当前，大学校园文化建设备受重视，各级各类高校都从积淀大学精神、培育大学特色、打造育人软硬环境的高度规划建设校园文化，把校园文化建设提到意识形态高度予以重视。为了追溯大学精神传承，许多学校以制定和修订大学章程为契机，认真梳理学校发展脉络，深入挖掘和追寻学校独特的文化传承，找到学校薪火相传、弦歌不辍的文脉，让学校的优秀传统在新的历史条件下发扬光大，就属于校园文化建设的内容，许多高校做得很好。世纪之交，随着高校的扩招，办学规模的扩大，很多高校建设新校区，迁往新校址。这些新校区建设都非常注重传承学校精神，培育学校文化，在校园规划设计、楼宇建造、文化景观、教学设施等方面都注意体现学校的文化内涵和精神底蕴。不仅如此，各高校在校园文化建设中，呈现出开放性、现代性、多元化、信息化的趋势。现在的大学校园其信息基础设施建设已与社会同步，甚至引领着社会进步。各种信息手段的应用，为校园文化建设提供了新的平台，为培育大学精神创造了新载体，师生之间、学生之间、学校与学生之间、学生与社会之间的信息交流非常快捷，教师与学生一对一、一对多的交流变得无时不在、无处不有，思想政治工作的载体和方式变得灵活多样。因此，现在的校园文化建设已经远远超越传统的校园文化建设内涵。在这样的背景下，高校校园文化建设必须在坚持以马克思主义为主导的前提下，以开放包容的态度，接纳一切先进文化，用社会主义核心价值观引领校园文化。在开放的背景下，大学校园文化建设既要以开放的心态接纳多元文化，用人类创造的一切文明成果培育大学文化，又要在多元文化中立主导，这个主导就是马克思主义文化、革命传统文化、社会主义新文化、中华民族优秀传统文化。既要提倡多样化，又要弘扬主旋律。

开放的背景、信息化的条件、多元的文化对大学校园文化建设无疑是好事，但是在这样的背景下，也同样面临一些影响校园文化健康发展的问题，主要表现在以下几个方面：第一，社会发展对校园文化的影响。在经济全球化的背景下，各种价值观和社会思潮在大学校园交流、交锋、交融，潜移默化地影响着大学生的思想观念和价值取向。尤其是信息传播的便捷，使一些社会思潮迅猛传播开来，导致一些大学生思想迷茫，难以适从，有的则盲目跟风。市场经济条件下商品等价交换的负面因素也在不断侵入大学生的思想，进而影响大学生的行为方式。第二，校园文化建设的内容存在着问题。一是浅层化倾向。主要表现在校园文化内容较多集中在以体育、文艺和娱乐活动为主上，虽然这对提高大学生的综合素质有重要作用，但是这种娱乐化倾向只是校园文化建设的浅层次做法，大学校园文化建设还应在价值观及精神层面发力，注重文化建设的厚度、深度和高度。二是校园文化以学生为主体是对的，但是学校的主导作用被弱化，建设什么样的校园文化比较模糊，甚至一味以学生需求为导向，正面引导缺位。第三，马克思主义在校园文化建设中的指导地位面临挑战。一是部分大学生政治意识淡薄，对坚持中国共产党领导、坚持中国特色社会主义制度的信念不够坚定，集体主义观念、社会责任感和历史使命感弱化。二是部分大学生不注重学习马克思主义理论，科学世界观有待进一步确立。三是主渠道思想政治教育的吸引力有待进一步加强，思想政治教育课程教学的针对性、实效性需要进一步提高。针对以上问题，必须大力加强和发挥马克思主义对大学校园文化建设的主导作用和价值引领作用，促进大学校园文化建设朝着正确方向发展。一是在大学素质教育中融入马克思主义理论教育。大学校园文化建设的目的之一就是培养学生的综合素质，核心是人文素质和科学素质，与课堂专业教育形成互补。马克思主义教育主要是让大学生掌握马克思主义基本理论，树立科学的世界观、人生观和价值观，拥有良好的思想政治素质。二者既有区别又有交叉，可以互相配合、互为补充。素质教育的核心是人文精神和科学精神，重在培养具有健全人格的公民；马克思主义理论教育重在发挥其意识形态功能，使大学生坚持正确的政治方向。素质教育和马克思主义理论教育可以融合，用素质教育丰富马克思主义理论教育内容，用马克思主义理论教育引领素质教育的政治方向。二是把马克思主义理论教育融入大学生的校园生活。大学校园文化建设必须贴近大学实际，只有把马克思主义理论与大学实际相结合，才会让大学生切身体会到马克思主义的真理性，才会让大学生切实领会马克思主义是行动的指南而不是教条，大学生也才会信仰马克思主义，也只有这样，当大学生在各种社会思潮面前，才能辨明是非，保持清醒头脑，避免成为西方错误思潮的俘虏。

加强大学校园文化建设，还须做好以下几方面工作。

第一，培育厚积大学文化，沉淀凝练大学精神。大学校园文化是一所高校的精神风貌，是高校内在精神的外在显现。校园文化主要通过校风、教风、学风乃至领导政风体现出来。校风是一所高校的整体风气，包括一所学校的价值追求、行为模式、教学观念、教职工精神状态等，通过校训、校歌、校徽、校旗等外在标识体现出来。例如，清华大学的校训是“自强不息，厚德载物”；中国农业大学的校训是“解民生之多艰，育天下之英才”；中央民族大学的校训是“美美与共，知行合一”；天津大学的校训是“实事求是”；南开大学的校训是“允公允能，日新月异”；等等。这些校训既体现了学校的办学理念和价值追求，又体现了独特的校风和独特的精神气质。校风一经形成，就成为师生员工的自觉追求，内化于心外显于行，变成集体无意识，就能以一种无形的力量激励师生员工自觉奋进，积极主动地与学校的办学理念和价值追求保持一致，自觉遵守学校的规章制度。因此，稳定而优良的校风对师生员工既是约束，又是激励；既是感染，又是引领；既是规范，又是召唤。教风是教师在育人工作中表现出来的一贯的稳定的风格和特点，它集中体现着一个教师的思想政治素质、专业知识水平、教育教学能力、爱岗敬业精神。我们提倡以学生为主体，以教师为主导。所谓主导，就是在学生成才方面要引导学生乐学善学，在成人方面要引导学生树立正确的世界观、人生观和价值观，既要做学生的“经师”，又要做学生的“人师”，当好学生的人生导师。从这个角度看，教师不仅要有丰富的学识，还应有高尚的人格，正确的世界观、人生观和价值观。教师对学生的影响不仅要通过“言教”，更重要的是要通过“身教”，即以自身正确的思想和高尚的风范去潜移默化地影响学生。教育的最大特点是感染而不是说教，是润物无声而不是耳提面命。学风有广义、狭义之分。狭义上的学风，特指学生的学习风气。广义上的学风，包括师生的学习风气、治学风气、学术风气。这里所说的学风是指狭义的学风，即学生在学习过程中形成的一种较为稳定的学习态度、学习习惯、学习品质等学习风气的总和，是学生学习态度、学习质量的总体标志。可见，学风作为一种群体行为，能使全体学生受到潜移默化的感染，内化为积极向上的精神动力。在优良的学风环境的影响下，学生的思想政治素质、理想信念、价值追求、行为方式等都会发生积极变化，对学生的成长成才产生深远的影响。总之，精神文化是校园文化的灵魂，是对大学生思想情感、价值观念产生影响的最深层、最持久因素，因此抵御各种社会思潮的消极影响，必须注重校园精神文化建设导向。要以马克思主义为指导，以社会主义核心价值观为引领，始终让社会主义意识形态成为大学校园的主旋律。

第二，加强大学校园物质文化建设，提升校园环境的文化品位和精神意蕴。学校物质文化属于学校的显性文化，但凝聚着、内蕴着学校的精神文化，是学校办学理念、价值追求的外在体现，包括学校的物质环境、校园规模、建筑形态、设施设备及校园规划设计等。学校应该通过标志性建筑、景观设计、楼宇街道、园林绿化等展现学校的价值理念、理想追求、办学传统和精神气质，发挥环境育人的特殊作用。学校物质文化影响学生的心理状态，高品质的学校物质文化可以使学生心理安适、和谐愉悦。可以影响学生的价值观念与情感态度。例如，学校的建筑形态、功能和文化韵味，校园整体规划设计等，都会潜移默化地影响学生的思想情感和价值判断。可以影响学生的学习态度、习惯和方式，进而影响学习效果和质量。例如，教学设施设备的配置、图书的数量、教学场所的多寡，都会产生这种影响，可以影响学校优良传统的传承。学校的优良传统，有些是靠学校物质文化而得以传承的。例如，南京晓庄师范的陶行知纪念馆，北京大学的李大钊、蔡元培塑像，天津大学的马寅初塑像，等等，这些对师生良好精神品质的形成有着巨大持久的影响。好的校园物质文化，每一栋楼宇，每一条街道，每一棵树，都应该是会说话的，都传达着学校独特的文化气息。总之，大学物质文化，是学校精神文化的外现，是学校精神、理念的载体，必须予以高度重视。

第三，加强校园制度文化建设，为学校实现办学理念、发扬优秀传统、规范师生行为、维护运行秩序提供保障。大学校园制度文化是一所高校师生员工共同遵守的一系列规章、准则、程序和机制，是保障学校办学传统、办学理念、办学目标得以实现的制度系统，其特点是强制性和规范性。大学的制度不是自发形成的，而是高校管理者和师生员工有目的进行建构的结果，规章制度中承载着设计者的思想观念和价值追求，是特定组织、团体、人群体理念的外现。反之，制度的制定和执行又会培育和影响组织文化，对组织成员的思想观念和行为规范产生硬性或软性影响。所谓大学制度文化建设就是有意识地在大学制度中融入大学精神和理念，同时将大学制度中体现的思想和理念内化为大学人的价值追求和行为观念。在大学制度文化建设中，处于最顶层的具有根本性的制度设计是大学章程。大学章程是一所高校的宪法，在学校制度体系中，处于承上启下的地位，具有准法律属性。大学章程上承国家法律法规，下启学校具体规章制度。从其与国家法律法规关系上讲，首先必须遵循国家法律法规的相关规定，不能与之矛盾抵触；其次，是国家相关法律法规的展开和具体化，大学章程就是国家教育法、高教法的展开和具体化。从其与学校具体规章制度的关系上讲，大学章程处于顶层，各种具体规章制度是大学章程的具体化，要根据大学章程制定，不能违反大学章程的基本原则、基本规定、基本精神。大学章程规定了学校的办学理念、办学目标、价值追求，凝练了办学传统和学校特色，明确了学校与政府、与社会的关系，规定了学校内部治理结构和权力运行机制，明确了师生员工的权利义务，规定了领导体制和管理体制。现阶段我国大学章程的制定首先要对具有中国特色的现代大学制度作出设计，而中国特色现代大学制度最核心规定是党委领导下的校长负责制，这既是中国大学的鲜明特色，又是最大优势，这一制度安排，既解决了集中统一领导问题，又解决了决策权、执行权、监督权运行中的制衡问题，是牢牢把握中国高校社会主义意识形态领导权、话语权的根本保障，是抵御西方社会思潮负面影响的根本保证。在大学章程统领下，学校还要形成教学、科研、学生等方面的具体规章制度，这些具体规章制度与大学章程一起构成了一所大学完整系统的制度体系。有了这个制度体系及其规范运行，学校的理念和目标才能真正一步一步变成现实。

第四，积极开展校园行为文化建设，丰富校园课外生活。一是利用红色纪念日和中华民族传统节日，开展具有正面积极导向的活动。如在每年三月的学雷锋纪念日，开展学雷锋活动，传承雷锋精神。雷锋精神与中国共产党的初心和宗旨在本质上是一致的，雷锋对党忠诚、对人民热忱、对工作负责任，与习近平对共产党员提出的不忘初心、牢记使命的要求是一致的，雷锋精神永远不会过时！但在不同时期，学雷锋精神应创新形式、与时俱进，赋予雷锋精神以新的内容。此外，在世界读书日、建军节、党的生日、国庆节、公祭日开展形式多样的活动，向大学生进行爱国主义和集体主义教育，通过这些活动，激发大学生的爱国热情，增强抵制西方社会思潮负面影响的能力。二是用正确思想、正面力量引领社团，发挥大学生社团组织的积极作用，通过各类兴趣小组培养大学生的沟通能力、合作意识、团队精神。三是发挥高校的学术优势，举办各类论坛、讲座、报告，让大学生开阔视野、提升思想、了解国情，增强正确认识西方社会思潮的能力。

第五，公寓是高校校园文化建设的重要组成部分，要发挥好大学生公寓的思想政治教育功能。随着我国高等教育领域改革的深化和大众化高等教育的发展，人才培养模式改革渐成高校改革的主旋律，而变学年制为学分制便是这个主旋律的最强音。学分制是一种既能满足现代社会对人才的多样化需求，又能更好适应学生个性发展需要的先进的教育教学管理制度。学分制的实行将冲击甚至颠覆基于学年制的管理模式，传统的固定的教室、稳定的班级、统一的课程、一致的时间都将被打破，因此在学分制背景下，必须重构学生管理系统，以适应学分制改革的要求，而学生公寓在这一新的管理系统中将发挥非常重要的作用。

所谓学分制，是以学分作为学习的计量单位、以选课制为基础的一种教学管理制度。它起源于德国，发展兴盛于美国，是目前全世界大多数高校特别是欧美高校普遍实行的一种制度。学分制的内容主要包括五个方面：一是弹性学制；二是自由选课制；三是导师制；四是学分绩点制；五是重修制。其基本特点可以概括为四个“代替”：在衡量标准上，以学分代替学年来衡量学生的学习量；在制订教学计划上，以指导性代替指令性；在教学管理上，以弹性代替刚性；在课程安排上，以选课代替排课。学分制的价值就在于：适应了现代社会对人才的多样化需求；体现了以学生为主体的现代教育理念；建立了“我的学习我做主”的自主学习机制；促进了学校学科、专业和课程建设；倒逼着教师更新教学内容、改革教学方法，从而提高教学质量。由于学制上的弹性、选课上的自由、学习时间上的多样、上课场所的变化、班级概念的淡化，使传统的以固定教室为主阵地、以班级为主要建制的学生管理模式受到严重冲击。因此，为了适应学分制改革，必须重建学生工作系统，进行手段方法创新，而突破口就是学生公寓。

学分制背景下高校学生公寓的育人功学分制的核心是选课制，这与学年制条件下由学校按班级整齐划一统一安排课程有本质的不同。首先，选课制使同一班级学生所选的课程千差万别，由此导致学生上课空间、上课时间五花八门，于是“同班不同学，同学不同班”成为教学常态。其次，选课制使传统的以班级为单位、以固定教室为场所开展教育、管理、活动的模式变得非常困难，因为集中活动时空条件和体制条件不存在了。在这一背景下，学生公寓的育人功能凸显，因为，虽然班级功能弱化了，但学生们都要在公寓集中，教室虽然不固定，但公寓寝室却是相对稳定的处所。从时间上看，学生们上课之外的大部分时间都在公寓度过。所以，我们应当在发挥好学生公寓传统功能的同时，挖掘和赋予其更多的文化功能和育人功能，使其更好地在学分制条件下发挥育人作用。

要发挥学生公寓的思想政治教育主阵地功能。所谓公寓的思想政治教育主阵地功能是指在学分制条件下，学校以公寓为阵地，利用公寓学生集中、便于沟通的优势，通过优化公寓硬件软件配置，发挥党团组织、社团组织的作用，向学生进行主流价值观、主流文化的教育。按照传统的认识，学生公寓就是休息生活的地方，但在学分制条件下，再加上高校后勤社会化改革的深化，学生公寓的地位、作用、性质悄然发生了变化，如果再按传统模式去认识和管理公寓，公寓势必成为思想政治教育的盲区和真空。公寓是学生最自由、最放松、最随意的地方，但也是不良行为和思想养成的地方，是各种矛盾滋生的地方、非主流文化流行的地方、各种观念碰撞交汇的地方，因此如果在认识上不能把公寓作为课堂之外的重要教育阵地，在公寓管理上不建立一个以育人为导向的体制机制，那么，学校的思想政治教育工作势必大大削弱，最终会影响到学分制改革的成效。那么，怎样才能发挥公寓的思想政治教育功能呢？首先，建立公寓学生思想政治教育组织机构，将学生思想政治教育工作重心转向公寓，在公寓建立党团组织和社团组织，研究探索学生公寓思想政治教育的实现形式和机制。其次，完善公寓设施，创造思想政治工作的硬件条件。一要建有学生集中、开会、活动、对话的场所，方便政治辅导员及其他学生工作者开展工作；二要建有各类媒介设施，如LED展示屏、橱窗、揭示板、阅报栏等，以便及时发布国家、地方、学校重要新闻，宣传党和国家大政方针及主流价值观；三要建有体育健身、文化娱乐场所和设施，满足学生的健身和文化需求，丰富学生的业余和社区生活，引导和提升公寓生活品位。再次，探索学生公寓思想政治教育的独特方式。学生公寓的生活是自由的、放松的，思想政治教育进公寓必须适应这一特点，绝不能采取硬性灌输、我讲你听、刻板严肃、说教程式的方式。公寓的思想政治教育功能的发挥，一定是潜移默化的、润物无声的、寓教于乐的、方式多样的。最后，政治辅导员要把工作重心放在公寓上，建立以公寓为中心的思想政治教育工作机制，学校应当在公寓为政治辅导员配置办公室。

要发挥学生公寓培养大学生人际交往能力的功能。人总是生活在社会中，而人要生存和发展就必须与社会、他人建立各种联系，必须与他人进行交往。特别是在现代社会，随着经济的发展、信息的发达、交道的快捷，人们面对的不再是传统的熟人社会，而是陌生人社会，人们不断置身新环境，不断结识新朋友，在这样的社会中，交往能力和交往品质是一个人必备的基本素质。高校学生公寓是大学生第一社会，第二家庭，第三课堂。说它是第一社会，是因为公寓里生活着天南海北的学生，这些学生出生地域不同，家庭背景不一，成长经历各异，生活习惯和兴趣爱好也各不相同，置身这样的环境就如同置身陌生人社会，而且在目前校园开放的条件下，社会中各种积极的消极的因素都会渗透到公寓中来。从这个意义上讲，公寓就是大学生的第一社会，培养大学生的交往能力，公寓这一平台具有得天独厚的优势。说它是第二家庭，是因为学生一进入公寓，就可能与室友相处四年，一起生活，一起学习，一起娱乐，面对热点，相互辩论；面对问题，相互切磋；面对困难，共同克服。相处得好，室友之间情同手足，就像家庭成员一样，可以形成团结互助、积极向上的正能量；相处得不好，室友之间摩擦不断，矛盾丛生，既影响感情，又影响学习，甚至酿成恶性事件的也不乏其例。从这个角度讲，让大学生懂得健康的交友之道和室友相处之道，公寓寝室是难得的实践平台。说它是第三课堂，是因为公寓不仅是住宿生活的地方，还是学习的场所，是课堂的延伸。同学们要在这里交流问题、切磋学问、读书思考，更重要的是学生之间在这里除了交流课堂知识之外，还交流诸如地方文化、家乡趣闻、社会热点、校园文化等。可见，公寓是特殊的课堂。社会也好，家庭也好，课堂也好，都是对学生公寓的形象说法，本质上意在说明公寓是一个文化社区，是大学生相处交往的地方，是学生成长的重要平台。既然如此，利用公寓这一平台，培养大学生良好的交际品质和交际能力也是公寓育人功能的题中应有之义。那么，怎样发挥这一功能呢？笔者认为应当围绕着培养和提高大学生交际品质和交际能力这个核心开展三方面工作：第一，每年给新生举办有关人际交往和室友相处之道的讲座，使学生了解和掌握正确的交往之道及室友相处之道；第二，评选和谐寝室，树立先进典型；第三，举行和谐寝室座谈会，分享经验和做法。

要发挥公寓在培养大学生自我管理能力方面的功能。关于自我管理，现代管理学大师彼得·德鲁克说:“自我管理是要求组织中的每个人都要从领导的角度思考和做事情的过程,是指个体对自己的目标、思想、心理和行为进行的管理,是自己把自己组织起来,自己管理自己,自己约束自己,自己激励自己,自己管理自己的事务,最终完成自我奋斗目标的一个过程。”自我管理的特殊之处在于:它是一种把自己作为主客体双重身份的管理,管理主体与管理对象具有同一性。高校学生的自我管理是指大学生为了实现高等教育的培养目标以及自身发展的需要,充分调动自身的主观能动性,卓有成效地利用并整合自我资源而开展的一系列自我认知、自我计划、自我组织、自我控制、自我教育、自我服务和自我监督的活动。大学生自我管理是受高等教育特点决定的,也是培养适应经济社会需要的高素质人才的必须,是高校育人的重要内容。在学分制背景下,培养大学生的自我管理能力尤其显得重要,而学生公寓就是培养大学生自我管理能力的重要场所。公寓是大学生最集中的地方,也是最自由、最放松的地方,如果完全以学校相关部门和干部为管理主体、以学生为管理对象进行管理,既不可能,也无必要,更不会有好的效果。必须将大学生由管理对象变为管理主体,充分调动其主动性、积极性和创造性,公寓才会既有秩序,又有活力,同时培养了大学生的主体性、责任感、自律能力和自治能力。在具体做法上,一是建立学生公寓自治委员会,形成以公寓社区、公寓楼、楼层、寝室为节点的自治管理体系。选拔思想素质好、组织能力强的学生党员和学生干部进入学生自治组织担任相关职务,同时制定公寓自治委员会工作条例,形成科学、规范、有序的工作机制。建立公寓自治委员会,学校有关部门不是撒手不管,而是变直接管理为间接管理,变指挥为指导,变微观管理为宏观管理,并由前台转向后台。工作重点是加强公寓自治组织的培育、扶持、建设、指导和协调,而不是包办代替。二是推行契约管理。所谓契约管理,就是公寓与学生签订合同,明确公寓管理者和学生双方的权利义务。契约管理是另一种形式的自我管理,注重自律与他律的结合,有利于培养学生的法治观念、权利意识和责任意识。总之,在公寓建立并完善学生自治机制,目的是培养学生自我管理、自我教育、自我服务的能力,更好地发挥学分制条件下公寓的育人功能。

## 五、加强大学生自身思想建设

在不断扩大开放的条件下,在全球化持续发展的背景下,当代各种社会思潮总是以各种途径进入中国,挡是挡不住的。我们一方面要辩证看待西方社会思潮,另一方面要加强大学生自身思想建设,提高大学生马克思主义理论水平,增强其思想辨析力、政治免疫力。当代各种社会思潮流行,有利于马克思主义在斗争中发展。

马克思主义从诞生到今天，是在同各种错误思想的斗争中发展的，也是在这种斗争中不断被越来越多的人接受的，更是在这种斗争中不断完善进而永葆其思想的青春活力的。因此，教育大学生能够在各种社会思潮面前，保持思想定力，防止左右摇摆，必须加强大学生自身思想建设，提升辨识和抵制各种错误思潮的能力，坚定理想信念，做一个忠于党、忠于人民、忠于中国特色社会主义事业的合格建设者和可靠接班人。

### （一）提高马克思主义理论水平，增强自身辨析判断能力

认真学习马克思主义、毛泽东思想，学习邓小平理论、“三个代表”重要思想、科学发展观，学习习近平新时代中国特色社会主义思想。学会用马克思主义的立场观点方法观察社会、判断形势、分析问题和解决问题。马克思主义的辩证唯物论和历史唯物论揭示了自然、社会的本质和规律，为我们正确观察事物、分析解决问题提供了科学的方法论。所以，作为大学生一定要把学习马克思主义作为终生必修课，并努力付诸实践。要对马克思、恩格斯的经典作品经常读、反复读，把握其精髓，用以指导工作、指导人生，指导正确分析把握社会发展大势，指导在复杂多变形势下和乱云飞渡中保持从容的定力、清醒的判断力。毛泽东思想是新民主主义革命时期，以毛泽东为核心的中国共产党人把马克思主义的基本原理与中国实际相结合，在成功解决中国革命问题过程中产生的思想成果，是马克思主义与中国实际相结合产生的第一次理论飞跃，是马克思主义中国化的第一次成功实践，是发展了的马克思主义。大学生要认真学习毛泽东的经典文章，把握其方法灵魂。毛泽东思想深扎中国大地，蕴含着丰富的中国古代优秀思想和智慧。毛泽东的文章从来不抽象思辨，从概念到概念，从理论到理论，而是从中国的具体问题、中国革命的具体问题入手，在发现问题、分析问题、解决问题的过程中阐释思想。毛泽东思想虽然产生于新民主主义革命时期和社会主义建设时期，但是，他的世界观方法论具有永恒的价值。为什么现在很多企业家把毛泽东著作当作案头书，原因就在这里。邓小平理论、“三个代表”重要思想、科学发展观是中国改革开放进程中马克思主义中国化的成果，是在分析解决中国社会主义现代化建设重大问题中产生的，同样是在新的历史条件下对马克思主义的继承和发展。邓小平理论回答了什么是社会主义、怎样建设社会主义的问题，澄清了在市场经济性质问题上各种模糊和错误认识，解决了“姓社姓资”的无谓的纠结，为社会主义市场经济的建立发挥了定海神针的作用。大学生要学习邓小平理论中一切从实际出发的实事求是精神。“三个代表”重要思想之所以重要，是因为它回答了在改革开放条件下，面对利益格局的调整、阶层的变化、思想的多元、所有制结构的变化，建设一个什么样的党，怎样建设党的重大问题，是马克思主义

建党学说在中国特色社会主义建设实践中的创新发展。只要我们党始终能做到“三个代表”，就会永远立于不败之地。大学生只有正确全面理解“三个代表”重要思想，才能对中国共产党的初心使命、宗旨性质有更深的理解，才能自觉跟党走。科学发展观回答了建设中国特色社会主义，应该实现什么样的发展、怎样发展的问题。发展是硬道理、发展是第一要务，这是毫无疑问的。问题是什么样的发展才是科学的，才是可持续的，这个问题必须回答。科学发展观第一要义是发展，核心是以人为本，基本要求是全面协调可持续，根本方法是统筹兼顾。习近平新时代中国特色社会主义思想是十九大贡献的重要理论成果，也是十九大报告的核心内容。十九大报告提出的“八个明确”和“十四个坚持”，构成了习近平新时代中国特色社会主义思想的主要内容。“八个明确”是构成整个思想体系的四梁八柱，“十四个坚持”是实现中国梦的“路线图”和“方法论”。从内容上看，“八个明确”是习近平新时代中国特色社会主义思想中的新思想新观点，重在理论层面的概括和凝练，反映了我们党在当今时代的理论思考和贡献。“十四个坚持”是建设中国特色社会主义的基本方略，重在实践层面和方略层面的展开，体现着理论与实践的良性互动，贯穿着以自我革命引领社会革命的内在逻辑。“八个明确”“十四个坚持”相互融合、有机统一，是发展中国特色社会主义的经验总结，是对共产党执政规律、社会主义建设规律、人类社会发展规律认识的深化、拓展和升华。大学生在新时代建功立业，为实现民族复兴贡献力量，必须深刻学习领会习近平新时代中国特色社会主义思想。

总之，这些思想都是在新的历史条件下，对马克思主义的继承和发展，是与马克思主义一脉相承又与时俱进的思想，是必须长期坚持的重大思想。大学生要准确把握这些思想，并努力践行之。

教育大学生正确认识中国社会的性质，正确认识中国的国情，正确认识中国发展的历史方位和阶段性特征。我们国家走的是社会主义道路，实行的是社会主义制度。从政治制度上说，我国实行人民代表大会制度。人民代表大会制度是我国人民当家做主的根本途径和最高实现形式，是中国共产党在国家政权中充分发扬民主、贯彻群众路线的最好实现形式，是坚持党的领导、人民当家做主、依法治国有机统一的重要制度载体，是中国特色社会主义制度的重要组成部分。在政党制度上，我国实行中国共产党领导的多党合作和政治协商制度，这个制度既避免了一党专政带来的弊端，又避免了多党轮流执政存在的诸多问题。共产党领导，多党派合作，共产党执政，多党派参政。在民族问题上，实行民族区域自治制度，即在国家统一领导下，少数民族聚居的地方实行区域自治，行使自治权。这个制度有利于保障少数民族当家做主，管理本民族、本地区事务的权利，也是中国特色社会主义制度的重要组成部分。在基层治理上，实行基层群众自治制度，目的是让基层群众真正当家做主。在经济制度上，实行以公有制为主体，多种所有制经济共同发展的基本经济制度；分配方式上实行以按劳分配为主体，多种分配方式并存的制度。我国实行的各种制度，都是人民的选择，历史的选择，是符合中国国情、发展阶段和人民意愿的。我们切不可盲目照搬西方的新自由主义、民主社会主义、多党制等等。任何一个国家选择什么样的制度，只能从该国的具体实际出发，从人民的意愿出发，照抄照搬只会带来水土不服，给国家、民族和人民带来无穷无尽的灾难，这样的教训中国人民是经历过的。美国等西方势力，处心积虑按照他们的样子塑造中国，企图让中国接受他们的社会制度、政党制度、经济制度，接受他们的价值观，千方百计、不遗余力地进行渗透围堵。2018年美国针对中国挑起的贸易战，中美贸易不平衡是主要直接原因，但深层次原因是中国实行的中国特色社会主义制度不仅没有像美国人预期的那样失败，反而生机勃勃，取得了令全球惊叹的成就。于是美国人感到焦躁，一种复杂心态萦绕于心，深感中国特色社会主义制度对美国的社会制度构成了挑战和威胁，中国的政党制度对美国的两党制同样构成挑战。在美国人看来，一个共产党领导的国家，一个实行社会主义制度的民族，一个不信仰上帝的民族，怎么能成功呢？！当今世界，正面临百年未有之大变局，一批发展中国家崛起，而美国等西方国家正深陷各种麻烦、面临各种矛盾，民粹主义盛行，民主制度受到挑战，问题多多。而中国的日子正蒸蒸日上。美国一些人见不得中国人过上好日子，使出各种手段企图把中国挡住、摁住、掐住，阻断我们追梦的进程。同时，他们对中国共产党、对社会主义极端仇视，必欲置之死地而后快。其实，今天中国的成功，恰恰是坚持中国共产党领导的结果，是坚持中国特色社会主义道路的结果，是不断推进马克思主义中国化的结果，是解放思想、实事求是、不断进行理论创新、制度创新的结果，更是一切从中国实际出发，排除西方各种思潮干扰，既不走封闭僵化的老路，又不走改旗易帜的邪路的结果。

一个国家走什么样的道路，实行什么样的制度，必须与该国的文化传统、具体国情相适应，必须与该国的生产力发展水平、经济社会发展程度相适应，任何超越历史、脱离国情、跨越阶段的做法只会给这个国家带来灾难。

因此，大学生只有认真学习马克思主义、毛泽东思想、邓小平理论、“三个代表”重要思想、科学发展观、习近平新时代中国特色社会主义思想，深入了解中国历史特别是中国近现代历史，了解世界史，通过比较，不断提高认识水平，打好理论基础，在各种西方社会思潮乱云飞渡的形势下，才能不盲从、不偏信、不摇摆，才能头脑清醒、明辨是非，坚持正确政治方向，朝着党指引的中华民族伟大复兴的正确方向前进。

### （二）正确认识西方社会思潮，自觉抵制其负面影响

全球化浪潮推动了各类资源和生产要素在全世界范围内进行配置，优化了资源配置，提高了生产效益，推动了经济发展，是人类生产力发展的必然产物，这是经济发展的客观规律，是不以人的意志为转移的。随着经济领域的全球化，源于西方发达国家的各种思潮也传播到世界各地，带来各种各样的影响和冲击。对这各种社会思潮，如果能够正确认识、科学辨析、批判吸收，对于启发思考、打开思路、丰富思想、提高认识是有一定借鉴意义的，毕竟真理是在与谬误的斗争中发展的，思想是在与各种思想的比较鉴别中丰富的，认识是在对各种社会的解释的辨识中提高的。所以，对各种错误思潮笼统反对、盲目打压、粗暴干涉是无济于事的，我们必须平心静气地进行理性分析，让大学生正确认识各种社会思潮，提高其辨识和抵制能力。

正确认识个人主义思潮。个人主义是舶来品，是进口货。最早起源于欧洲的文艺复兴运动，是文艺复兴运动中人文主义、人本主义、人道主义的核心内容，其斗争矛头是封建主义和神本主义，提倡以人为中心，反对以神为中心，人是宇宙的中心、万物的灵长，而不是上帝的奴仆。人文主义重视人的价值和尊严，认为人是伟大的创造者。当时的人文主义是新生资产阶级反封建反神权的思想武器，因此个人主义说到底是资产阶级世界观，在文艺复兴、启蒙运动等资产阶级反封建的斗争中，发挥过积极的进步作用。到了近现代，注重个人权利、崇尚个人利益、维护个人尊严契合了资本主义社会的发展要求，这个时候，个人主义几乎成为资本主义的代名词。个人主义思潮在五四运动前后传入我国，曾经对五四运动时期倡导民主科学、个性解放、反封建专制发挥过积极作用。但是，总体看，个人主义与中国文化不契合。中国文化本质上讲家国文化，崇尚家庭，忠诚国家，是以家庭为本位的，本质上是崇尚集体而不是个人。个人主义与中国共产党的价值观不符。中国共产党是用马克思主义武装起来的政党，有组织宗旨、目标和原则，有统一的意志，主张个人服从组织，下级服从上级，全党服从中央，党组织本质上是集体至上而不是个人至上。个人主义与社会主义的价值观不合。社会主义的价值追求首先是集体利益，然后才是个人利益。个人生活在集体当中，没有国家利益和集体利益，个人利益是无法实现的。没有国家的改革开放，没有国家政策的平台，个人不论本事多大，其利益都是难以实现的。中华人民共和国成立尤其是改革开放以后，我们国家诞生了那么多成功的企业家，各行各业涌现出了那么多成功人士，这虽然与个人才能和努力有关，但从根本上说，还是因为在其成功背后，有国家和地方这个大集体为其站台撑腰。有些大学生受个人主义影响，片面强调个人价值、个人利益，不顾国家利益

和集体利益，其实，离开集体、国家，个人利益是无法实现的。北京大学钱理群教授尖锐指出："我们的大学，包括北京大学，正在培养一大批'精致的利己主义者'，他们高智商，世俗，老道，善于表演，懂得配合，更善于利用体制达到自己的目的。这种人一旦掌握权力，比一般的贪官污吏危害更大。我们的教育体制，正在培养大批这样的'有毒的罂粟花'。"可见，片面追求个人价值和利益，我们的大学生就会失去崇高的理想信念，堕入利己主义、个人主义的深渊，怎会成为中国特色社会主义的建设者和接班人呢？怎会承担起民族复兴大任呢？！

正确认识新自由主义。新自由主义思潮有着复杂深远的历史渊源，其思想内涵同样是复杂的、深邃的、丰富的，远不是大学生们所掌握的那点皮毛。新自由主义经过近百年发展，内部有许多流派，代表人物是哈耶克。其经济上的主要观点概括起来就是"三化"：第一是"自由化"。认为自由是效率的前提，没有自由就没有效率。第二是"私有化"。认为私有制才是推动经济发展的基础。第三是"市场化"。他们认为离开了市场就谈不上经济，没有市场就无法有效配置资源，反对国家干预。在政治理论方面，新自由主义坚持三个"否定"。第一，否定公有制。几乎所有的新自由主义者都一致地指出，当集体化的范围扩大了之后，经济变得更糟而不是具有更高的生产率，因此不能搞公有制。第二，否定社会主义。他们认为，社会主义必然限制自由，由此也必然导致集权主义，而集权主义是一条"通往奴役之路"。第三，否定国家干预。他们认为，不论什么形式的国家干预，最终都会造成经济效率的损失。怎样看待新自由主义这些主张呢？我们认为，新自由主义强调市场至上，中国特色社会主义并不笼统地反对市场经济，相反，我们主张让市场在资源配置中起决定作用，更好发挥政府作用，市场与政府在经济发展中都是不可或缺的两个重要因素，只是作用发挥的角度、地方有所不同。作为促进和保障经济发展的重要因素，两者都不是万能的，市场和政府均有失灵的时候，因此必须把"看不见的手"与"看得见的手"结合起来。例如，作为发展中国家的中国，如果完全依靠市场是否可行呢？肯定不行！因为，作为发展中国家，要想快速发展，必须有基本的基础设施，而在经济发展水平不高、资本短缺的情况下，有哪些民间资本有实力投资建设基础设施呢？因为，基础设施投资大，盈利周期长，有的甚至长期没有收益。后发展国家经济起飞的初始阶段，市场在基础设施领域肯定是失灵的。这种背景下，必须依靠政府投资建设基础设施，为市场经济发展提供良好的发展环境，提供公共产品。还有国防，在和平年代有多少民间资本愿意投资国防建设呢？这个领域也必须由政府投资。中国改革开放之所以取得巨大成功，创造了人类历史上的奇迹，就是正确处理了市场和政府的关系，市场失灵之处，政府介入，政府失灵之处，引进市场机制。这就是中国特色社会主义制度的优越性！我们要通过中国和西方国家在基础设施领域成就的比较，教育大学生正确认识新自由主义的历史局限性，对新自由主义，只可借鉴，不可照搬。

正确认识普世价值思潮。时下西方国家和国内一些人宣称的普世价值，是有特定内涵的，主要是指民主、自由、平等、人权等资产阶级价值观，而民主、自由、平等、人权既然是资本主义意识形态的核心内容，怎么会“普世”呢？！要想搞清这个问题，恩格斯在《反杜林论》中对“永恒道德”的批判可以给我们以深刻启示。杜林是19世纪德国的唯心主义哲学家，主张先验论、形而上学。他认为人类社会存在着“永恒真理”“永恒道德”“永恒正义”，而且适用和超越于一切历史、社会、阶级、民族和国家。套用今天的话，这些永恒道德、正义就是普世价值。对此，恩格斯指出，道德具有历史性，人的道德观念随历史发展变化而变化，拿善恶观念来说，不同时代不同民族其善恶标准是不同的，不存在超越一切时代一切民族的善恶观。其次，道德具有阶级性。在阶级社会，道德总是源于人们所处的阶级地位，总是阶级的道德，没有超越一切阶级关系的道德。恩格斯运用历史唯物主义的立场观点方法对“永恒道德”的批判，为我们今天分析批判普世价值提供了科学方法。首先，道德观、价值观都属于意识形态，是观念形态的东西，与社会上阶级主体的理想愿望、利益诉求密切相关，既然不存在超越一切阶级、民族、历史的道德观，当然也不存在超越一切阶级、民族、历史的价值观。历史上，不同阶级有不同的甚至是对立的利益诉求，不存在超阶级的普世价值。其次，对于西方国家把民主、自由、平等、人权说成是普世价值，我们要看清其实质。拿民主来说，不要说全世界，就是在西方国家内部也不“普世”。从横向看，英国的民主不同于法国的民主，法国的民主不同于美国的民主。即使在美国国家内部，不同的州之间其民主内容也有差异。从纵向说，其民主有一个漫长的发展演变过程。美国黑人在美国独立之初是没有选举权的，尽管其《独立宣言》标榜“人人生而平等”。直到1965年美国黑人才真正获得选举权，为争取这个权利斗争了近200年。同样美国妇女直到1920年、法国妇女直到1944年才获得选举权。英国在其君主立宪制的资本主义国家建立之初，其选举权有诸多限制，是逐渐扩大到所有人的，也是随着经济社会发展而变化的。西方国家极力将民主、自由、人权说成普世价值，是其国际斗争的一种策略，最终目的是以意识形态斗争的方式推行霸权主义。说到底，以美国为首的西方是把普世价值当作工具，与其武力征服相互配合，为其扩张称霸服务的。邓小平曾经指出：“我们在宣传民主的时候，一定要把社会主义民主同资产阶级民主、个人主义民主严格地区分开来，一定要把对人民的民主与对敌人的专政结合起来，把民主和集中、民主和法制、民主和纪律、民主和党的领导结合起来。”我国社会主义民主的核心内涵是人民当家做主，是坚持党的领导、人民当家做主、依法治国的有机统一，与普世价值所宣称的民主有本质区别。对于普世价值，我们必须运用历史唯物主义的立场观点和方法，进行历史、阶级的分析和批判，揭示其实质，同时要吸收其有益成分，为建设发展社会主义核心价值观提供有益素材。

正确认识宪政民主思潮。宪政民主是资产阶级革命的产物，是资本主义国家的政权组织形式。英国是最早实行君主立宪制政体的国家，因此英国是第一个实行宪政民主的国家。然后是美国在 1776 年独立后，建立民主共和政体，实行宪政民主。法国在 1789 年大革命爆发后，将建立宪政民主政治作为目标，各种政治力量经过反复斗争、博弈和较量，直到 1875 年才真正建立起民主共和政体。在宪政民主政治发展史上，英国、美国、法国三个国家比较典型，因此 1689 年英国通过的《权利法案》、1787 年美国制定的《美国宪法》、1789 年法国颁布的《人权宣言》，是西方确立君主立宪和民主共和制度的重要文献，在西方宪政民主制度历史上具有里程碑式的意义，奠定了西方宪政民主制度的政治和法律基础。西方宪政民主的初衷是限制公权力，保护公民权利，是资本主义国家的政权组织形式，核心是权力制衡，主要内容包括三权分立、多党制、议会民主、普选制、司法独立、军队国家化。经过几百年的发展，这种宪政民主制度在资本主义国家内部暴露出许多矛盾和弊端。拿多党制来说，由于两党或多党竞争，政治精英往往以取悦选民、争取选票为目的，不负责任地迎合选民的短期利益，而放弃国家的长远利益，迎合选民对社会福利的要求，而不顾国家的发展利益，因此带来许多经济社会问题。例如，英国脱欧、美国特朗普上台都是典型案例。两党或多党竞争还造成了行政效率低下，互相攻讦，互相掣肘，互相扯皮，同时导致政策没有连续性，如奥巴马的许多改革举措，特朗普上台后说否定就否定。西方宪政民主更不适合中国，尤其对仍然处于社会主义初级阶段的中国来说，发展是第一要务，是解决一切问题的基础。因此，所有的民主制度设计在保证决策民主、决策质量的同时，还要保证决策高效、执行高效，这样才能使中国特色社会主义事业更好更快发展。同时，还必须保证政策有连续性，一张蓝图画到底，一届接着一届干，减少内耗，减少扯皮，增进共识，形成合力。从选举制度来说，中国特色社会主义民主制度不仅让人民有选举权和被选举权，还有更深层的、更具实质性的协商民主，既协商于决策之前，又协商于决策之后。因此，中国的民主制度更适合中国国情，更具实质性意义，更有效率。中国可以借鉴西方宪政民主的有益成分，如对公权力进行制约和监督，防止公权力滥用，防止贪污腐败，但是绝不能照搬，必须在坚持党的领导、人民当家做主、依法治国三者统一的前提下，不断改革，逐渐扩大公民民主权利，丰富民主形式，坚定不移走中国特色社会主义民主政治道路。

正确认识功利主义思潮。功利主义产生于英国，至19世纪，英国经济学家边沁将其系统化，发展为一种完整的伦理思想。功利主义本质上是一种资产阶级的个人主义价值观，其核心思想是以人的行为功利效果作为道德价值的评判标准，提出了“最大多数人的最大幸福为最高道德标准”的著名论断。但是，由于部分大学生并不了解功利主义思潮的内涵和实质，只是片面强调任何行为必须给当事人带来利益的原则，于是，凡事追求个人利益最大化，只要能为个人带来幸福、带来利益、带来好处，就是有价值的。在这种价值观的影响下，部分大学生的思想和行为出现了明显的功利化倾向。在政治上，有的学生在校期间追求进步，积极靠近党组织，但这一行为的动机主要不是出于对马克思主义的信仰，出于对中国共产党的热爱，出于为实现共产党的宗旨而奋斗，而是把入党作为实现个人利益的一种手段，为毕业后就业、找个好工作创造政治资本。也就是说其入党初心不是为中国人民谋幸福，为中华民族谋复兴，而是为了个人小算盘。在专业选择上，不考虑自己兴趣，不考虑是否适合，只把是否能顺利就业且能有高收入作为专业选择标准。在学习内容上，什么有用学什么，什么证书能为就业增加砝码就考什么证，而对能够提升个人综合素质的那些人文类课程，要么应付敷衍，要么逃课或找同学代上。实际上，在高校的课程体系中，不同的课，其功能是不同的。有的课意在提高人文素质，有的课意在打牢专业基础；有的课意在培养思维能力，有的课意在提高专业技能；有的课程其作用是隐性的，有的课程其作用则是显性的。用直接有用没用衡量课程，很多课程可能就被排除在门外，这对大学生形成完整的知识能力结构及长远发展是非常有害的。功利主义思想对大学生的影响还表现在学习态度上，平时不认真上课，系统读书，考试前临时突击，甚至买答案、找枪手、考试作弊也大有人在。在人际交往中，有的大学生非常世故、功利，与同学建立关系，不是因为真诚的友谊，而是将同学关系建立在互惠互利的基础上，为将来积累人脉，以备不时之需。在入党、入学生会、保研、竞选学生干部时，有的学生送礼、串联、活动，以达到自己的功利目的。在就业上，很多学生千方百计留在大城市，进国企、外企、合资企业，以收入和生活环境、工作环境作为择业标准，躲避边远艰苦地区。所有这些，都是功利主义思潮在大学生群体中产生的负面影响，这种影响直接瓦解了大学生的理想信念，什么社会责任、国家使命、民族复兴重任，在这些大学生身上不复存在。因此，我们必须在树立大学生理想信念上下功夫，坚决抵制功利主义思潮的侵蚀。

正确认识享乐主义思潮。享乐主义思潮认为享乐是人的本能需要，追求物质享受和感官快适是人生的终极意义，享乐的层次和数量是衡量人生价值的标准。受此思潮影响，一些大学生盲目追求物质享受，讲名牌、追档次、炫消费、比阔气，于是超前消费、攀比消费、透支消费、借贷消费流行校园，冲击着本应充满书香的校园。有的学生本来家境贫寒，受此影响，不顾父母亲人的辛劳，通过借贷过着与自己经济条件极不相称的生活，甚至有的因此陷入债务陷阱。还有的学生放纵自己，流连网吧，沉迷游戏，校外高价租房同居，未婚先孕，引发很多问题。享乐主义是一种腐朽的资产阶级价值观，是功利主义思潮的极端化发展。享乐主义造成一些大学生精神的颓废，使他们陷入意志消沉、缺乏进取的精神状态。

所以，爱因斯坦说："照亮我的道路，并且不断地给我新的勇气去愉快地正视生活的理想，是善、美和真。我从来不把安逸和快乐看作生活目的本身——这种伦理基础，我叫它猪栏的理想。"古今中外，靠贪图享乐、奢侈腐化而成就大业者闻所未闻。相反，历史上因骄而奢、由奢而亡的例子，却数不胜数。那种以为通过助长享乐，就能刺激消费，搞活市场，拉动经济发展的想法是十分荒谬的，其做法无异于饮鸩止渴。社会的发展进步是靠艰苦奋斗创造的。享乐主义滋长和蔓延，在任何时候任何情况下，都不可能带来经济发展和社会进步，而只能滋生虚假繁荣的毒瘤，助长玩物丧志的风气，最终葬送已有的文明成果。社会进步的历史，绝不是"享乐的发展史"。

### （三）加强理想信念教育，树立正确的价值观

（1）树立社会主义共同理想。无论是一个人、一个集体、一个组织，还是一个民族、一个国家、一个政党，理想都是非常重要的。对于一个人而言，理想是对未来的向往、是奋斗目标、是价值追求、是前行动力、是努力方向，是一个人的立身之本和精神支柱。对于一个政党而言，理想信念是一面旗帜，更是共产党人的立身之本、动力之源、正气之魂。对于一个国家、一个民族而言，理想信念是强大的"黏合剂"，是凝心聚力的思想基础。个人理想信念必须融入国家民族的理想信念才有价值。当代中国大学生，必须把个人理想与社会主义共同理想统一起来，才有价值，也才能实现。现阶段中国人民的共同理想就是建设中国特色社会主义，实现中华民族伟大复兴的中国梦。十九大又对这一理想进行了具体规划：2020 年全面建成小康社会。在实现第一个百年奋斗目标的基础上，再奋斗 15 年，在 2035 年基本实现社会主义现代化。从 2035 年到 21 世纪中叶，在基本实现现代化的基础上，再奋斗 15 年，把我国建成富强、民主、文明、和谐美丽的社会主义现代化强国。这就是新时代中国各族人民的共同理想。这个共同理想为当代大学生实现梦想提供了广阔舞台。

目前，高校里正在学习的大学生大都 20 岁左右，这就意味着，实现两个一百年

奋斗目标，成千上万的青年将是全方位、全过程参与。有信念、有梦想、有奋斗、有奉献的人生，才是有意义的人生。当代大学生创业建功的舞台无比广阔，实现理想的前景无比光明，当代大学生完全能够在实现两个一百年奋斗目标的伟大实践中创造精彩的人生。

习近平在党的十九大报告中指出："青年兴则国家兴，青年强则国家强。青年一代有理想、有本领、有担当，国家就有前途，民族就有希望。中国梦是历史的、现实的，也是未来的；是我们这一代的，更是青年一代的。"习近平这段话告诉我们，新时代大学生非常幸运，生逢其时，是实现两个一百年目标的骨干力量。如何让大学生在学到知识、掌握本领的同时，培养他们的理想情怀和使命担当，归根结底，大学生既要用先进思想去引领，又需要为他们提供施展才干的舞台，更需要让他们置身于艰难困苦的环境中去摔打磨炼。

大学生要树立社会主义共同理想，要以马克思主义作为指导思想。马克思主义是科学，其辩证唯物主义和历史唯物主义发现了自然和人类社会的本质规律，是指导我们正确认识世界和改造世界的科学世界观和方法论。在中国革命、建设、改革的各个历史时期，中国共产党人，把马克思主义的基本原理与中国革命实际相结合，创立了毛泽东思想，取得了新民主主义革命的伟大胜利；进入改革开放新的历史时期，中国共产党人把马克思主义与中国改革开放和社会主义现代化建设相结合，从我国仍处于社会主义初级阶段、仍属于发展中国家这个最大实际出发，紧紧抓住发展这个第一要务，坚持四项基本原则，坚持改革开放，使中国人民在站起来的基础上又富起来，现在又向强起来的目标奋进。在这个历史进程中，产生了马克思主义中国化的最新成果邓小平理论、三个代表重要思想、科学发展观和习近平新时代中国特色社会主义思想。在实现两个一百年奋斗目标的伟大事业中，大学生尤其要以马克思主义中国化的最新成果——习近平新时代中国特色社会主义思想为指导，坚定中国特色社会主义道路自信、理论自信、制度自信、文化自信，树牢"四个意识"，做到"两个维护"，不为任何错误思潮所惑，不为各种错误观点所动，做到"任尔东西南北风""咬定青山不放松"，把坚定社会主义共同理想作为最重要的立场来坚守，作为最重要的资源来保卫，作为最重要的原则来维护，真正做中国特色社会主义事业的合格建设者和可靠接班人。

大学生树立社会主义的共同理想，必须正确处理个人理想与国家需要之间的关系。作为新时代的大学生，要以实际行动，主动把个人理想融入国家和民族的伟大事业中，只有这样，才会发挥作用、成就事业。幸福从奋斗中来，社会主义事业从干中来。"守岛英雄"王继才夫妇32年坚守海岛，不求功名利禄，只求完成党和人民交给的任务，夫妇二人锐意进取拼搏，将个人理想融入国家和民族事业当中，用无怨无悔的坚守，书写着不平凡的人生华章。不忘初心，方得始终，新时代大学生需要像王继才夫妇这样为国分忧、为党担责、为民解困。社会主义共同理想与个人理想是统一的，因为社会主义共同理想是最广大人民利益的集中体现，是全体中国人民的最大公约数，包容和承载着每个中国人的理想愿望和价值追求。也正因为如此，大学生必须在社会主义共同理想的坐标上确定个人理想，把国家和民族的需要作为自己的价值追求，并努力为之奋斗，这样的人生才有价值。

（2）加强以爱国主义为核心的民族精神教育，提升大学生的马克思主义理论素养，涵养大学生的家国情怀，让信仰之基更牢固，让信仰之光更闪亮，让民族精神绽放时代光彩。

民族精神是一个民族在长期的社会实践中积淀形成的民族意识、民族信仰、民族心理、民族品格、民族气质的总和，是民族文化在传承创新中延绵不断的一种历史文化传统，是民族文化最本质、最集中、最深沉、最稳定的体现，是一个民族凝聚力、创造力、生命力的体现，也是一个民族赖以维系、生存、凝聚、发展的灵魂。一个缺乏民族精神的民族，是难以自立于世界民族之林的。中华民族在 5 000 多年的历史发展中，逐渐形成了以爱国主义为核心的团结统一、爱好和平、勤劳勇敢、自强不息的伟大民族精神。爱国主义是中国精神的核心，是中国人的终极归属感与荣誉感。我们要求大学生树立以爱国主义为核心的民族精神，就是要大学生热爱祖国，热爱祖国的大好河山，热爱家乡的山山水水、一草一木；热爱人民，热爱骨肉同胞，期盼祖国统一、民族团结、社会安定、人民幸福；热爱祖国的历史和文化，维护祖国利益和尊严；坚持中国共产党领导，拥护中国特色社会主义制度；爱岗敬业，勇于奉献，为祖国繁荣昌盛、为中华民族伟大复兴不懈奋斗。以爱国主义为核心的民族精神构成了中华民族薪火相传、生生不息的精神血脉，已经深深刻入我们的民族信仰、民族品格和民族文化之中，成为各族中华儿女团结一致、共同奋斗的价值追求，是维护国家尊严、主权完整和领土安全的精神支柱，是马克思主义创新活力和蓬勃生命力在中国的体现，也正是这种蓬勃生命力和强大创新力才推动了中国特色社会主义的宏伟事业不断向前，走进新时代。

习近平在党的十九大报告中指出：“要加强思想道德建设。人民有信仰，国家有力量，民族有希望。要提高人民思想觉悟、道德水准、文明素养，提高全社会文明程度。广泛开展理想信念教育，深化中国特色社会主义和中国梦宣传教育，弘扬民族精神和时代精神，加强爱国主义、集体主义、社会主义教育，引导人们树立正确的历史观、民族观、国家观、文化观。”当代大学生要弘扬民族精神，为实现中华民族伟大复兴的中国梦贡献力量，必须从我做起，从现在做起。第一，要科学对待和努力学习中华民族优秀传统文化，从优秀传统文化中汲取智慧和力量，做到不忘本来，吸收外来，面向未来，在文明互鉴中以开放的胸襟借鉴一切人类文明优秀成果。中华民族有 5 000 多年的文明史，是世界古代文明中唯一没有中断的文明，其中，积淀了极为丰富的思想内涵，凝聚了中华民族自强不息、接续奋斗、和而不同、美美与共的博大精深的文化精神。要教育大学生，读懂国史，熟悉国情，传承优秀文化，继承传统美德，感悟民族智慧，增强民族自豪感和自信心，并让民族精神在新时代焕发出创新活力。第二，大学生要厚植爱国主义思想，树牢“四个意识”，坚定“四个自信”，做到“两个维护”。关于爱国主义，习近平将中国梦与爱国主义联系起来，明确指出：“实现中华民族伟大复兴的中国梦，是当代中国爱国主义的鲜明主题。”这句话言简意赅地为我们全面准确把握当代中国爱国主义内涵提供了根本遵循。当代中国爱国主义，既与古代和近现代爱国主义一脉相承，又有因新的时代特征而形成的鲜明特色。准确把握这些特色，是当代大学生践行爱国主义精神的基本前提。实现中华民族伟大复兴的中国梦，是一代代中华儿女接续奋斗的过程。与在革命、建设中艰辛探索的革命先辈们相比，在改革开放伟大事业中奋斗的大学生是非常幸运的，因为当代大学生处于离实现这个伟大梦想最近的地方。习近平指出：“现在，我们比历史上任何时期都更接近中华民族伟大复兴的目标，比历史上任何时期都更有信心、有能力实现这个目标。”的确，民族复兴的梦想将在我们这代人手中实现，因此实现中国梦，就成为包括当代大学生在内的中国人最庄严的使命，成为当代中国爱国主义最鲜明的时代主题。要教育大学生坚持爱国和爱党、爱社会主义相统一。习近平指出：“祖国的命运和党的命运、社会主义的命运是密不可分的。只有坚持爱国和爱党、爱社会主义相统一，爱国主义才是鲜活的、真实的，这是当代中国爱国主义精神最重要的体现。今天我们讲爱国主义，这个道理要经常讲、反复讲。”在当代中国，爱国与爱党和爱社会主义是统一的，不可割裂开来。爱国、爱党、爱社会主义相统一，这是历史形成的，是在鸦片战争以来中华民族救亡图存、共同奋斗的历程中逐步确立的。为了使中华民族摆脱受屈辱的境地，无数中华儿女奋起抗争，但一次又一次失败了。只有中国共产党的成立，领导各族人民艰苦奋斗，才取得了人民革命的伟大胜利，建立了中华人民共和国，民族得以独立，人民得以解放，为中华民族的伟大复兴奠定了坚实基础。中华人民共和国成立后，中国共产党领导各族人民，开启了社会主义建设和改革的伟大征程，中华民族实现了从站起来到富起来再到强起来的伟大转变。在这一前无古人的历史进程中，中国共产党、中华人民共和国、社会主义三者是密切统一的，形成了一个命运共同体，在推进中国特色社会主义宏伟事业中得到了集中体现。因此，教育大学生牢固树立爱国主义思想，必须坚持爱国、爱党、爱社会主义的统一，三者不可割裂开来。第三，要教育引导大学生爱国从日常学习生活做起。爱国不是喊口号，而是行动；爱国不是抽象的，而是具体的。爱国需要情怀，更需要能力。因此，作为大学生，必须通过扎扎实实的学习去体现爱国，通过能力和素质的提升积累爱国的实际本领。既要志存高远，又要脚踏实地；既要扎实学习书本知识，又要积极投身社会实践。把个人抱负融入中华民族伟大复兴的事业中去，让自我价值在建设中国特色社会主义的伟大工程中去实现。习近平在北京大学与学生座谈时指出："当代大学生是可爱、可信、可贵、可为的。时间之河川流不息，每一代青年都有自己的际遇和机缘，都要在自己所处的时代条件下谋划人生、创造历史。青年是标志时代的最灵敏的晴雨表，时代的责任赋予青年，时代的光荣属于青年。广大青年对五四运动的最好纪念，就是在党的领导下，勇做走在时代前列的奋进者、开拓者、奉献者，同全国各族人民一道，担负起历史重任，让五四精神放射出更加夺目的时代光芒。"习近平的这段话是对大学生厚植爱国情怀的最精辟概括。

当代大学生坚定以爱国主义为核心的民族精神，应自觉抵制几种错误思潮。

第一，坚决批判和抵制个人主义思想。个人主义是一种崇尚个人自由、个人利益的政治伦理学说和社会哲学。本质上，是以个人至上为出发点，围绕个人利益去看待社会的价值观。个人主义理论主张：每一个具体的个人就是目的，而社会只是实现个人目的的手段，在道义上，所有个人都是平等的。个人主义随着私有制的产生而产生，随着私有制的发展而发展。个人主义作为资产阶级世界观，在反封建、反宗教的斗争中发挥过进步作用，但其本质属于典型的资产阶级世界观，是与集体主义世界观有本质上的不同的。西方敌对势力对我国实行分化、西化战略，一个重要策略就是在我国年轻一代尤其大学生中渗透个人主义，宣扬个人主义，让年轻一代只追求个人享乐、个人幸福，不顾国家民族利益，进而在年轻一代身上实现和平演变图谋，达到不战而胜的目的。所以，我们必须教育大学生，坚持爱国主义和集体主义，坚守民族精神和民族气节，把个人价值追求与国家价值追求相融合，坚决抵制个人主义思想的不良影响。

第二，坚决反对资产阶级自由化思想。西方敌对势力鼓吹资产阶级自由化就是反对四项基本原则，企图用资产阶级思想否定马克思列宁主义、毛泽东思想，用资本主义道路取代社会主义道路，用多党制否定中国共产党领导的多党合作和政治协商制度，颠覆人民民主政权，企图从政治、经济、文化、科技、军事等方面全面遏制打压中国，阻断中华民族伟大复兴的进程，让中国永远成为其附庸。党的十九大通过的《中国共产党章程》提出："中国共产党在社会主义初级阶段的基本路线是：

领导和团结全国各族人民，以经济建设为中心，坚持四项基本原则，坚持改革开放，自力更生，艰苦创业，为把我国建设成为富强、民主、文明、和谐社会主义现代化国家而奋斗。”“坚持社会主义道路、坚持人民民主专政、坚持中国共产党的领导、坚持马克思列宁主义毛泽东思想这四项基本原则，是我们的立国之本。在社会主义现代化建设的整个过程中，必须坚持四项基本原则，反对资产阶级自由化。”“必须把改革开放同四项基本原则统一起来，全面落实党的基本路线，反对一切‘左’的和右的错误倾向，要警惕右，但主要是防止‘左’。”作为新时代的大学生，必须从做中国特色社会主义事业建设者和接班人的高度认识自己肩负的责任和使命，坚持四项基本原则，旗帜鲜明地反对资产阶级自由化。

第三，旗帜鲜明地抵制历史虚无主义思潮，坚持爱国和爱党、爱社会主义的统一。改革开放以来，一些人以学术研究之名，公然否定中国革命的历史，否定中国共产党的历史，把爱国与爱中国共产党、爱社会主义割裂开来。对此，邓小平曾经指出：“有人说不爱社会主义不等于不爱国，难道祖国是抽象的吗？不爱共产党领导的社会主义的新中国，爱什么呢？”对于这个问题，在纪念五四运动100周年大会上的重要讲话中，习近平指出：“当代中国，爱国主义的本质就是坚持爱国和爱党、爱社会主义高度统一。”习近平的这段话深刻揭示了爱国主义的丰富内涵。我们说，弘扬爱国主义精神不能说空话，不能搞形而上，历史已经并将继续证明，中国共产党是爱国主义精神的最忠诚实践者。“中国共产党领导中国人民，把爱国主义同革命、建设、改革的伟大实践紧紧联系在一起，为实现民族独立解放、国家繁荣发展、人民幸福生活不懈努力、接续奋斗，深刻改变了近代以来中华民族发展的方向和进程，深刻改变了中国人民和中华民族的前途和命运，深刻改变了世界发展的趋势和格局，使具有5 000多年文明历史的中华民族全面迈向现代化，使具有500年历史的社会主义主张在世界上人口最多的国家成功开辟出具有高度现实性和可行性的正确道路，使中国这个世界上最大的发展中国家摆脱贫困并跃升为世界第二大经济体。特别是，在中国共产党领导下，开辟了中国特色社会主义道路，形成了中国特色社会主义理论体系，建立了中国特色社会主义制度，发展了中国特色社会主义文化，推动中国特色社会主义进入了新时代。弘扬爱国主义精神不能是形而上的，必须与当代中国实际紧密结合，而当代中国最大的实际就是中国共产党的领导。因而，新时代弘扬爱国主义必须把党的领导贯彻和体现到改革发展稳定、内政外交国防、治党治国治军等各个领域。”新时代大学生要深刻认识到，爱国与爱中国共产党和爱社会主义是统一的，这是我们全面正确理解爱国主义的理论基点，也是我们抵制历史虚无主义的思想武器。

# 附录：调查问卷

## 一、问卷一（基本情况）

以下是关于您个人信息的调查，请在括号内填入您的选项。

1. 您的性别（　　　）。

A. 男 489，48.9%　　　　　B. 女 511，5.1%

2. 您的出生年月（　　　）。

最小年龄 18 岁，最大年龄 26 岁。

3. 您出生地为（　　　）。

A. 内蒙古自治区 985，98.5%　　　　B. 国内其他省（市 、自治区）15，1.5%

4. 您来自（　　　）。

A. 农村 720，72%

B. 城镇 280，28%

5. 您家庭经济状况（　　　）。

A. 很好 34，3.4%　　　　　B. 较好 201，20.1%

C. 一般 449，44.9%　　　　D. 不太好 195，19.5%

E. 不好 121，12.1%

6. 您目前就学学历层次（　　　）。

A. 专科 105，10.5%

B. 本科 895，89.5%

7. 您现在年级（　　　）。

A. 一年级 234，23.4%

B. 二年级 241，24.1%

C. 三年级 263，26.3%

D. 四年级 262，26.2%

8. 您的专业归属（　　　）。

A. 人文社会学科 47，47.3%

B. 理工医学科 527，52.7%

9．您的政治面貌（　　　）。

A. 共青团员 922，92.2%

B. 党员 43，4.3%

C. 群众 35，3.5%

## 二、问卷二

下面所列问题需要您回答您的看法，请在括号内填入您的选项。

1．您对“社会思潮”的了解情况（　　　）。

A. 非常了解 11，1.1%　　B. 比较了解 132，13.2%

C. 一般 265，26.5%　　D. 不太了解 352，35.2%

E. 不了解 240，24%

2．您对下面 7 种社会思潮了解情况

（1）新自由主义（　　　）。

A. 非常了解 29，2.9%　　B. 比较了解 90，9%

C. 一般 281，28.1%　　D. 不太了解 290，29%

E. 不了解 310，31%

（2）历史虚无主义（　　　）。

A. 非常了解 30，3%　　B. 比较了解 117，11.7%

C. 一般 245，24.5%　　D. 不太了解 423，42.3%

E. 不了解 185，18.5%

（3）普世价值（　　　）。

A. 非常了解 28，2.8%　　B. 比较了解 99，9.9%

C. 一般 234，23.4%　　D. 比较了解 368，36.8%

E. 不了解 271，27.1%

（4）宪政民主（　　　）。

A. 非常了解 38，3.8%　　B. 比较了解 89，8.9%

C. 一般 238，23.8%　　D. 不太了解 324，32.4%

E. 不了解 311，31.1%

（5）个人主义（　　　）。

A. 非常了解 80，8%　　B. 比较了解 375，37.5%

C. 一般 350，35%　　D. 不太了解 140，14%

E. 不了解 65，6.5%

（6）民主社会主义（　　）。

A. 非常了解 32，3.2%　　B. 比较了解 76，7.6%

C. 一般 247，24.7%　　D. 不太了解 435，43.5%

E. 不了解 210，21%

（7）后现代主义（　　）。

A. 非常了解 35，3.5%　　B. 比较了解 102，10.2%

C. 一般 245，24.5%　　D. 不太了解 386，38.6%

E. 不了解 232，23.2%

3. 下面 7 种社会思潮对您的影响程度。

（1）新自由主义（　　）。

A. 很大 28，2.8%　　B. 比较大 122，12.2%

C. 一般 295，29.5%　　D. 很小 280，28%

E. 没有 275，27.5%

（2）历史虚无主义（　　）。

A. 很大 35，3.5%　　B. 比较大 112，11.2%

C. 一般 239，23.9%　　D. 很小 419，41.9%

E. 没有 195，19.5%

（3）普世价值（　　）。

A. 很大 31，3.1%　　B. 比较大 105，10.5%

C. 一般 238，23.8%　　D. 很小 356，35.6%

E. 没有 270，27%

（4）宪政民主（　　）。

A. 很大 33，3.3%　　B. 比较大 91，9.1%

C. 一般 231，23.1%　　D. 很小 331，33.1%

E. 没有 314，31.4%

（5）个人主义（　　）。

A. 很大 98，9.8%　　B. 比较大 344，34.4%

C. 一般 352，35.2%　　D. 很小 146，14.6%

E. 没有 60，6%

（6）民主社会主义（　　）。

A. 很大 38，3.8%　　B. 比较大 81，8.1%

C. 一般 252，25.2%　　D. 很小 417，41.7%

E. 没有 212，21.2%

（7）后现代主义（　　）。

A. 很大 43，4.3%　　B. 比较大 114，11.4%

C. 一般 234，23.4%　　D. 很小 377，37.7%

E. 没有 232，23.2%

4．您接触了解社会思潮的原因（由高到低）（　　）。（可多选）

A. 出于好奇 394，39.4%

B. 思政课老师经常提到 211，21.1%

C. 平时阅读接触到某些观点，觉得新颖有一定道理 208，20.8%

D. 其他 187，18.7%

5．您了解社会思潮的主要途径（由高到低）（　　）。（可多选）

A. 课堂教学和学术报告 891，89.1%

B. 互联网（微博、微信）812，81.2%

C. 报纸、杂志、书籍、影视 787，78.7%

D. 老师、同学、朋友、家长 341，34.1%

E. 课外活动 236，23.6%

6．下面哪些课对您正确认识社会思潮的影响大？（　　）。（可多选）

A. 马克思主义哲学原理 948，94.8%

B. 毛泽东思想和中国特色社会主义理论概论 831，83.1%

C. 中国近现代史纲要 798，79.8%

D. 形势与政策 753，75.3%

E. 思想道德修养与法律基础 671，67.1%

F. 民族理论和民族政策 638，63.8%

# 参 考 文 献


[1] 马克思，恩格斯 . 马克思恩格斯选集 [M]. 北京：人民出版社，2012.

[2] 列宁 . 列宁选集 [M]. 北京：人民出版社，2012.

[3] 毛泽东 . 毛泽东选集 [M]. 北京：人民出版社，2009.

[4] 邓小平 . 邓小平文选 [M]. 北京：人民出版社，1994.

[5] 习近平 . 习近平总书记系列重要讲话读本 [M]. 北京：学习出版社，2016.

[6] 洪晓楠 . 当代西方社会思潮研究 [M]. 北京：人民出版社，2018.

[7] 段桥忠 . 当代国外社会思潮 [M]. 北京：中国人民大学出版社，2010.

[8] 朱汉国 . 当代中国社会思潮研究 [M]. 北京：北京师范大学出版社，2012.

[9] 王燕文 . 社会思潮怎样看 [M]. 南京：江苏人民出版社，2014.

[10] 佘双好 . 当代社会思潮对高校师生的影响及对策研究 [M]. 北京：中央编译出版社，2012.

[11] 马立诚 . 当代中国八种社会思潮 [M]. 北京：社会科学文献出版社，2011.

[12] 陈勇等 . 社会主义核心价值体系引领社会思潮的方式和途径研究 [M]. 北京：中国社会科学出版社，2016.

[13] 周兵 . 新自由主义批判文选 [M]. 北京：红旗出版社，2019.

[14] 中国社会科学院编 . 中国社会科学院新自由主义批判文选 [M]. 北京：中国社会科学出版社，2017.

[15] 李泉编 . 新自由主义研究与批判 [M]. 上海：格致出版社，2019.

[16] 周兵编 . 历史虚无主义批判文选 [M]. 北京：红旗出版社，2018.

[17] 中国社会科学院编 . 中国社会科学院历史虚无主义批判文选 [M]. 北京：中国社会科学出版社，2015.

[18] 中共中央党史研究室编 . 反对历史虚无主义 [M]. 北京：中央党史出版社，2017.

[19] 中国社会科学院编 . 中国社会科学院“普世价值”批判文选 [M]. 北京：中国社会科学出版社，2017.

[20] 汤荣光 . 普世价值论辩缘起与走向 [M]. 北京：中央编译出版社，2014.

[21] 中国社会科学院编 . 中国社会科学院西方宪政民主观批判文选 [M]. 北京：中国社会科学出版社，2017.

[22] 西方宪政民主辨析编写组 . 西方宪政民主辨析 [M]. 北京：学习出版社，2017.
[23] 包雅玮 . 高校社会主义核心价值观教育研究 [M]. 北京：中国社会科学出版社，2015.
[24] 洛克 . 政府论 [M]. 北京：商务印刷书馆，2009.
[25] 哈耶克 . 通往奴役之路 [M]. 北京：中国社会科学出版社，1997.
[26] 梅荣政 . 用马克思主义引领社会思潮 [M]. 武汉：武汉大学出版社，2008.
[27] 童彭庆，郁景祖，邱柏生 . 思想政治教育学词典 [M]. 兰州：兰州大学出版社，1990.
[28] 吴雁南，苏中立 . 中国近代社会思潮 [M]. 长沙：湖南教育出版社，1998.
[29] 高瑞泉 . 中国近代社会思潮 [M]. 武汉：华中师范大学出版社，1996.
[30] 格泽戈尔兹・W. 科勒德克 . 从休克到治疗：后社会主义转轨的政治经济 [M]. 刘晓勇，应春子，译 . 上海：上海远东出版社，2000.
[31] 王正泉，姚渭玉 . 剧变后的原苏联东欧国家（1989—1999）[M]. 东方出版社，2001.
[32] 杨斌 . 威胁中国的隐蔽战争——美国隐蔽经济战与改革陷阱 [M]. 北京：经济管理出版社，2000.
[33] 尼・雷日科夫 . 大动荡的十年 [M]. 王攀，译，北京：中央编译出版社，2006.
[34] 何秉孟 . 新自由主义评析 [M]. 北京：社会科学文献出版社，2004.
[35] 谭索 . 叶利钦的西化改革与俄罗斯的社会灾难 [M]. 北京：社会科学文献出版社，2009.
[36] 约翰・格雷 . 伪黎明：全球资本主义的幻象 [M]. 张敦敏，译，北京：中国社会科学出版社，2002.
[37] 曲洪志 . 探讨社会思潮的发展规律 [J]. 思想教育研究，1995（2）：8-10.
[38] 许启贤 . 社会思潮研究 [J]. 淮南工业学院学报（社科版）1999（1）：7-14+43.
[39] 姜志强 . 社会思潮内涵探析 [J]. 王府新论，2006（1）：100-102.
[40] 王锐生 . 社会思潮初探 [J]. 东岳论丛，1981（3）：31-37.
[41] 刘建军 . 论社会思潮的发生、发展与消退 [J]. 学术月刊，1995（2）：14-18.
[42] 肖锦全 . 论社会思潮作为社会意识一个层次的构想 [J]. 现代哲学，1997（1）：45-49.
[43] 王家忠 . 社会思潮的起源、作用及发展趋势探析 [J]. 齐鲁学刊，1997（2）：56-60.
[44] 林锦峰 . 论社会思潮的预测和疏导 [J]. 现代哲学，2001（2）36-40.

[45] 陈新汉 . 评价论视域中的社会思潮 [J]. 思想理论教育，2007（19）：14–18.
[46] 刘瑞娜 . 两方新自由主义思潮在大学生中的传播 [J]. 当代青年研究，2013（1）：38–42.
[47] 蒋西艳 . 新自由主义思潮对大学生理想信念形成的影响 [J]. 学理论，2012（7）：275.
[48] 景思江 . 新自由主义对中国经济改革的影响 [J]. 人民论坛，2012（8）：126–127.
[49] 李其庆 . 全球化背景下的新自由主义 [J]. 马克思主义与现实，2003（5）：4–18.
[50] 李慎明 . 从国际金融危机看新自由主义的危害 [J]. 前线，2010（4）：21–23.
[51] 李淑梅 . 新自由主义评析 [J]. 浙江师范大学学报（社会科学版），2004（1）：10–13.
[52] 侯惠勤 ."普世价值"与核心价值观的反渗透 [J]. 马克思主义研究，2010（11）：5–12+159.
[53] 冯虞章 . 普世价值问题研究八人谈 [J]. 思想理论教育导刊，2008（11）：58–66.
[54] 冯虞章 . 怎样认识所谓"普世价值"[J]. 马克思主义研究，2008（7）：104–109.
[55] 顾红亮 . 以社会主义核心价值体系引领社会思潮的方法论思考 [J]. 毛泽东邓小平理论研究，2010（9）：15–18+85.
[56] 张亭亭 . 西方普世价值观冲击下的社会主义价值观研究 [D]. 秦皇岛：燕山大学，2010：10–14.
[57] 张承洪 . 马克思主义视野下的"普世价值"分析 [D]. 北京：中央民族大学，2012：17–19.
[58] 赵丽涛 ."普世价值"对当代大学生的影响及对策研究 [D]. 重庆：西南大学，2012：27–28.
[59] 杨晓青 . 宪政与人民民主制度之比较研究 [J]. 红旗文稿，2013（10）：4–10+1.
[60] 史宏波，田媛 . 西方宪政民主思潮的理论缺陷及政治实质辨析 [J]. 思想教育研究，2018（5）：57–61.
[61] 齐彪 . 军队国家化剖析 [J]. 政治学研究，2009（4）42–47.
[62] 周广磊 . 中国共产党与军队政治关系确立的主要依据 [J]. 军事政治学研究，2015（4）：99–114.
[63] 刘瑞复 . 我国独立公正司法与西方国家"司法独立"的根本区别 [J]. 红旗文稿，2014（24）：8–11+1.
[64] 柳倩 . 宪政民主论 [D]. 成都：四川师范大学，2013：20–21.
[65] 宋月红 . 党史国史研究中抵制历史虚无主义的三个关键抓手 [J]. 红旗文稿，2017

（6）：6–8.

[66] 朱佳木 . 同历史虚无主义思潮作斗争是当今马克思主义史学工作者的一项重要任务 [J]. 史学理论研究 ,2015（4）：4–9.

[67] 蒋红 . 历史虚无主义的错误及危害性论析 [J]. 当代世界与社会主义，2017（3）：55–60.

[68] 王翼 . 党的十八大以来学界对历史虚无主义及其危害的分析批判 [J]. 毛泽东邓小平理论研究，2018（5）：23–29+107.

[69] 黄腾华 . 历史虚无主义对"纲要"教学的冲击及其应对 [J]. 思想理论教育导刊，2014（8）：83–87.

[70] 龚云 . 历史虚无主义的危害 [J]. 红旗文稿，2017（17）：41.

[71] 蒋国栋 . 当前历史虚无主义思潮的若干新表现 [J]. 毛泽东邓小平理论研究，2018（2）：65–69+108.

[72] 苏振兴 . 拉美经济在八年之中三次衰退 [J]. 拉丁美洲研究，2002（1）：1–4.

[73] 马海 . 转型期俄罗斯的两极分化现象 [J]. 经济论坛，2004（15）：109–111.

[74] 晨漠 . 俄罗斯代表团访问本刊编辑部 [J]. 上海经济研究，1995（4）：40–42.

[75] 于祖尧 ."休克"给俄罗斯带来了什么？——访问俄罗斯见闻 [J]. 电器工业，2001（2）：4–10.

[76] 子光 . 俄罗斯科学研究处于休克状态 [J]. 当代世界，1995（9）：48.